mare

Dirk Liesemer

Aufstand *der* *Matrosen*

Tagebuch
einer
Revolution

Mit einem Vorwort von
Norbert Lammert

mare

Die Deutsche Nationalbibliothek verzeichnet
diese Publikation in der Deutschen Nationalbibliografie;
detaillierte bibliografische Daten sind im Internet
unter http://dnb.ddb.de abrufbar.

Für Arno

1. Auflage 2018
© 2018 by mareverlag, Hamburg
Lektorat Heike Specht
Register Rainer Kolbe, Hamburg
Typografie Iris Farnschläder, mareverlag
Schrift Plantin MT Pro
Druck und Bindung CPI books GmbH, GmbH
ISBN 978-3-86648-289-0

www.mare.de

Inhalt

Krieg – Revolution – Demokratie: Schicksalstage 1918

Ein Vorwort von Norbert Lammert

>»Und dann sah ich deutsche Kraft verwesen,
>Dünger werden einer bessren Zeit.«
>
>*Joachim Ringelnatz, Leutnant zur See,*
>*hinterlassen mit Kohle an der Zimmerwand der*
>*Küstenbatterie Seeheim, 21. November 1918*

Der Befehl, den die Admiralität am 24. Oktober 1918 erließ, war unmissverständlich: »Die Hochseeflotte erhält die Weisung, baldigst zum Angriff auf die englische Flotte vorzugehen. Dazu können alle verfügbaren Streitkräfte der Kaiserlichen Marine herangezogen werden.« Was mag den vom entsetzlich langen Krieg gezeichneten Matrosen durch den Kopf gegangen sein oder den der Schulbank gerade erst entwachsenen Rekruten, als sie Wind bekamen von dieser Order, die für jeden ersichtlich einem militärisch sinnlosen Himmelfahrtskommando gleichkam? Womöglich wanderten ihre Gedanken nach Hause, zu ihren Familien, sicher aber kreisten sie bei vielen um die Frage, ob es das wirklich noch wert war. Wie ließ sich der absehbare kollektive Untergang der Kaiserlichen Flotte mit der beschworenen soldatischen Ehre der Marine rechtfertigen? Wer wollte noch sein Leben für diesen Kaiser opfern, der Generationen seiner Untertanen in vier Kriegsjahren gnadenlos ›verheizt‹ hatte und, als er sich kurz darauf ins Exil zu gehen genötigt sah, das deutsche Volk als »Schweinebande« denunzierte? Und welchen Wert sollte es für ein erschöpftes, materiell ausgelaugtes, längst kriegsmüdes Land haben, den Kampf fortzusetzen – zumal aus dem fernen Berlin zu hören war, dass die Reichsleitung längst den ersehnten Frieden mit den Kriegsgegnern anstrebte? Die militärische Niederlage, von der Obersten Heeresleitung ebenso lange nicht eingestanden und vertuscht wie von einer von nationalistischer Hybris verblendeten Öffentlichkeit verdrängt, war unabwendbar, Vorverhandlungen zum Waffenstillstand deshalb bereits eingeleitet.

Es sind schicksalshafte Tage Ende Oktober und Anfang November 1918, nicht nur für Deutschland, sondern – wegen der zentralen Lage des Kaiserreichs, geografisch wie machtpolitisch – auch für Europa und die Welt. Was wir heute wissen, ahnten die Menschen bereits damals, fühlten sie geradezu körperlich: »Ich spüre bis ins Mark das Schauerlich-Historische«, notierte etwa Stefan Zweig Mitte Oktober in sein Tagebuch. »Jetzt sind wieder Sekunden von der grässlichen Spannung von 1914, nur dass in den Nerven nichts mehr zuckt; man ist lahm, ausgehofft, ausgeängstet. Man kann nicht mehr. ... An ein Ende zu denken, wagt man gar nicht mehr, denn der Frieden ist ja nur ein neuer Unruheanfang.«

Die dramatischen Ereignisse, die in den Folgetagen als Reaktion auf den irrwitzigen Befehl der Marineführung von der Küste aus ihren Lauf nahmen und die in diesem Buch mit Zeugnissen zahlreicher Zeitgenossen aufregend verdichtet noch einmal aufleben, bestätigen Zweigs Zukunftsängste. Als Erstes widersetzten sich Matrosen auf Schiffen vor Wilhelmshaven, kurz darauf folgten Kameraden in Kiel und bald auch an anderen Marinestützpunkten des Reichs. Der Gehorsamsverweigerung der Soldaten schlossen sich Arbeiter an, die der Kriegsmaschinerie nicht weiter dienen wollten, zunächst in den Werften, dann sich rasch über das Reich ausbreitend – bis in die Hauptstadt. Der Aufstand an der Waterkant wurde zur Revolution im ganzen Land.

Orts- und Szenenwechsel: das politische Berlin, Reichstag und Wilhelmstraße im Oktober 1918. Während sich an der Küste der revolutionäre Sturm zusammenbraute, wehte auch hier der Wind längst aus einer anderen Richtung, vollzog sich eine für die deutsche Demokratie- und Parlamentsgeschichte folgenschwere Veränderung: Die Berufung des Prinzen Max von Baden am 3. Oktober an die Spitze einer parlamentarischen Regierung, der erstmals auch Abgeordnete der parlamentarischen Mehrheitsparteien, insbesondere Sozialdemokraten, angehörten, hatte bereits faktisch die Verfassung des Reichs vom Kopf auf die Füße gestellt – die Folge eines im Kriegsverlauf gewachsenen parlamentarischen Selbstbewusstseins, vor allem aber des Kalküls skrupelloser Militärs, die auf diese Weise die Verantwortung für die Niederlage und den Friedensschluss auf die politischen Instanzen abzuschieben trachteten. Mit den sogenannten Oktoberreformen, die die Reichstagsmehrheit am 25. und 26. Oktober verabschiedete und die einen Tag vor Beginn des Matrosenaufstands verkündet wurden, leitete die neue politische Führung auch die verfassungsrechtliche Parlamentarisierung des Kaiserreichs ein. Die obrigkeitsstaatliche Bürokratenregierung der Monarchie war Geschichte, der Reichskanzler fortan auf das Vertrauen der Reichstagsmehrheit angewiesen. Allerdings: Als sich Deutschland zur parlamentarischen Monarchie reformierte, war deren Verfallsdatum bereits erreicht. Mit der aus den Matrosenaufständen hervorgehenden Revolution rollten Anfang November – Friedrich Engels hatte es schon 1887 vorausgesagt – die Kronen in ganz Deutschland auf die Straßen, nicht nur die des Kaisers.

Dieses Buch taucht ein in die merkwürdigen Anfänge einer deutschen Revolution. »Revolution in Deutschland? Das wird nie etwas, wenn diese Deutschen einen Bahnhof stürmen wollen, kaufen die sich noch eine Bahnsteigkarte«, soll Lenin angeblich gesagt haben. Selbst wenn sich dieser Ausspruch nicht verlässlich verifizieren lässt, so spiegelt sich darin eindrücklich die zeitgenössische Haltung in einem Land, in dem der Glaube an Temperament und Fähigkeit der Deutschen zur Revolution von jeher begrenzt war. Im Tagebuch des Dichters Friedrich Hebbel findet sich bereits 1836, zwölf Jahre vor den Barrikadenkämpfen in Berlin und Wien, der Satz:»Selbst im Fall einer Revolution würden die Deutschen sich nur Steuerfreiheit, nie Gedankenfreiheit zu erkämpfen suchen.« Nicht erst seit der Erfahrung des Scheiterns der Revolution von 1848/49 fand im Land der Reformation und der aufgeklärten Fürsten, in dem seit dem Dreißigjährigen Krieg das Trauma vom zügellosen Chaos in vielfältiger Weise nachwirkte, der gewaltsame Umbruch wenige Anhänger. Bezeichnend für die auch 1918 allgegenwärtige Sorge vor der Revolution als nicht allein politische, sondern zügellose Umwälzung der Gesellschaft ist die Warnung Friedrich Eberts an Max von Baden vom 7. November. Den blutigen Verlauf der Oktoberrevolution in Russland vor Augen, warnte der Sozialdemokrat eindringlich, die soziale Revolution sei, wenn der Kaiser nicht abdanke, auch in Deutschland unvermeidlich. Und er fügte hinzu:»Ich aber will sie nicht, ja, ich hasse sie wie die Sünde.«

In der Revolutionsskepsis kommt zum Tragen, was die Wissenschaft die Gleichzeitigkeit des Ungleichzeitigen nennt, also sich parallel vollziehende Prozesse, die in unterschiedlichen Phasen der Geschichte wurzelten. Schon das Kaiserreich war ein Staat von erstaunlichen Widersprüchen gewesen. Dem monarchischen Prinzip verpflichtet, verfügte es auf Reichsebene über ein im europäischen Vergleich modernes allgemeines und gleiches Wahlrecht, allerdings nur für Männer. In Preußen blieb es mit dem Dreiklassenwahlrecht hingegen hartnäckig rückständig. Geistig und politisch dem 19. Jahrhundert verhaftet, war das Kaiserreich technisch, industriell, ökonomisch und sozial schon viel weiter – eine der konfliktreichen Ungleichzeitigkeiten, die von der Jahrhundertwende in die Revolutionsepoche am Ende des Krieges reichte und die für den Verlauf der Revolution entscheidend wurde. Denn weshalb sollte ein Volk, das seit Jahrzehnten in allgemeinen Wahlen seine Vertretung frei wählen durfte, der Diktatur des Proletariats das Wort reden? Als 1918 in Deutschland die Revolution der Arbeiter und Soldaten ausbrach, dominierte denn auch nicht der bolschewistisch befeuerte weltrevolutionäre Gedanke. Vielmehr setzte sich – begleitet freilich von gewaltsamen, bürgerkriegsähnlichen Auseinandersetzungen und erst mit Auflösung zeitweiliger Soldaten- und Arbeiterräte im Reich – die parlamentarische Demokratie durch. Damit schien sich endlich der liberale Traum von Freiheit und nationaler Einheit des 19. Jahrhunderts zu vollenden – wesentlich getragen und mit den Oktoberreformen vorgezeichnet ausgerechnet von der Partei der Arbeiterbewegung, den Sozialdemokraten.

Unser Bild von der »Novemberrevolution« ist nachhaltig geprägt vom Scheitern der Republik, die aus ihr hervorging. Hatte denn die Revolution 1918/19 wirklich Schluss gemacht mit den alten Gewalten? Prominente Zeitgenossen Eberts, ob Walther Rathenau, Ernst Troeltsch oder Max Weber, waren sich in der Bewertung der Novemberereignisse einig: Sie bezeichneten sie als Revolution. Theodor Wolff, der einflussreiche Chefredakteur des *Berliner Tageblatts*, erkor sie gar zur »größten aller Revolutionen«, »weil niemals eine so fest gebaute, mit so soliden Mauern umgebene Bastille in einem Anlauf genommen worden« sei. Differenzierter fällt hingegen das Urteil der Wissenschaft aus, die gegenüber dem vollzogenen politischen Systemwechsel von der Monarchie zur Republik die fehlende, von Ebert so gefürchtete tief greifende Umwälzung der Gesellschaftsstrukturen betont. Ohne sozioökonomischen Wandel sei die Revolution – so die Kritiker je nach politischer Warte – unvollendet geblieben oder sogar ›verraten‹ worden. Und tatsächlich erwiesen sich die Kontinuitäten in Militär, Wirtschaft und Verwaltung, nicht zuletzt die unangetastete Agrarverfassung Ostelbiens, durch die konservative preußische Junker ihren Einfluss bewahren konnten, als schwere Bürde für die Weimarer Republik, der es gegenüber dem antidemokratischen Erbe – und dann auch gegenüber den neuen totalitären Herausforderungen – erkennbar an aufrechten Demokraten fehlte.

In den letzten Jahren ist durch die Erinnerung an den Ausbruch des Ersten Weltkriegs vor einhundert Jahren die »Urkatastrophe« des 20. Jahrhunderts wieder in den Fokus unserer Aufmerksamkeit zurückgekehrt. Deutlich wurde dabei das bemerkenswerte Doppelgesicht dieses Krieges: Er war, so der Historiker Jörn Leonhard, die viel beschworene »Büchse der Pandora« für ein beispiellos gewalttätiges Jahrhundert, aber er stieß auch beträchtliche Modernisierungsschübe an. War das unvorstellbare Leid des Krieges also wirklich »Dünger einer bessren Zeit« (Joachim Ringelnatz)? Die Mobilisierung der Massen im Krieg setzte zumindest Kräfte frei, die nicht mehr zu bändigen waren. »In Europa fegte die Demokratisierung des Wahlrechts wie ein Wirbelwind über die Demokratien«, schreibt der Historiker Tim B. Müller – freilich nicht überall und gerade für Frauen nicht überall gleich schnell. Aber: Nicht nur in Deutschland, in ganz Europa, das vor 1914 noch ein Kontinent der Monarchien gewesen war, stand der liberalen und sozialen Demokratie, wie Müller schreibt, »eine glänzende Zukunft« offen. Zur Tragödie unseres Kontinents gehört, dass es anders kam. Dem Sturz der Monarchien in Deutschland, Österreich und Russland und dem Untergang des Osmanischen Reichs folgte kein Siegeszug der Demokratie, sondern deren frühe Erosion. 1938 waren von den jungen Demokratien, die am Ende des Ersten Weltkriegs in Kontinentaleuropa entstanden waren, nur noch zwei übrig: die Tschechoslowakei und Finnland. Überall sonst waren autoritäre und diktatorische Regime an der Macht – am folgenschwersten in Deutschland mit verheerenden Folgen, nicht nur für das eigene Land, sondern für die Welt.

Die Suche nach den Gründen dafür führt immer auch zu den Anfängen der gescheiterten Demokratiebewegungen zurück. Und so ist nicht nur absehbar, sondern angesichts einer über viele Jahre vernachlässigten Forschung auch zu erhoffen, dass der Jahrestag des Kriegsendes Anlass dazu gibt, zugleich die Revolutionsepoche in ihren historischen Bedingungen und weitreichenden Folgen neu zu vermessen. Dirk Liesemer gebührt großer Dank dafür, uns in einer ebenso klugen wie originellen Auswahl überlieferter

Stimmen die Zeitgenossen in den Schicksalstagen zwischen Matrosenaufstand und dem 9. November ganz nahe kommen zu lassen – mit all ihren Hoffnungen, Befürchtungen, Sorgen und Ängsten, ihren Utopien und Untergangsvisionen, gelähmt von der tödlichen Kälte, die im Weltkrieg auf den »Sommer des Jahrhunderts« gefolgt war. Mit diesen Zeitgenossen wird eine kurze Zeitspanne lebendig, voll Spannung, Ungeduld und Erwartung, die nicht nur historisches Interesse verdient, sondern deren Nachwirkungen bis in unsere Zeit reichen.

Wilhelmshaven

Als das Ende absehbar wird, flüstern sich die Matrosen die letzten Neuigkeiten zu, geben sie von einem zum anderen weiter, verbreiten sie oben an Deck, unten in den dunklen Kasematten und beim nächsten Besuch an Land. So gelangen die Neuigkeiten von Schlachtschiff zu Schlachtschiff, bis Zehntausende Seeleute sie gehört haben. Manches klingt erlösend schön. Kürzlich hieß es, der Kaiser sei tot. Er habe Selbstmord begangen. Die Matrosen lächelten. Die Heizer nickten sich zu. Aber es war nur ein Gerücht. Ein anderes Mal wurde verbreitet, der Generalfeldmarschall sei kindisch geworden. Heute Nachmittag ist zu hören, dass eine feindliche Flotte auf Helgoland zusteuert. Sogar Offiziere hört man raunen, dass 150 britische und amerikanische Kriegsschiffe die Nordseefestung einnehmen wollen.

Jahrelang hat der Matrose Richard Stumpf eine Seeschlacht herbeigesehnt. Jetzt beobachtet er von Bord der *Wittelsbach* aus, wie die Schiffe der Kaiserlichen Flotte auf einen Seegang vorbereitet werden. Überall hieven Männer massenweise Munition und Kohlen an Deck. Die Schornsteine erhalten orangerote Anstriche, und die Vorgesetzten treten noch zackiger auf als üblich. Gedankenverloren fragt sich Richard Stumpf, ob er die Kriegsschiffe heute zum letzten Mal sieht. Er malt sich aus, wie es wäre, die Feinde zu versenken. Sollte doch noch ein Sieg möglich sein? Es sind kurze, rauschhafte Vorstellungen. Nach so langer Zeit des Wartens hat er nicht mehr mit einer Seeschlacht gerechnet. Endlich kann die Flotte dem ganzen Land beweisen, dass sie nicht nur im Hafen schläft. Wenn sie siegten, meint er, machte sich niemand mehr über die Seeleute lustig.

Bereits vor dem Krieg hatte sich Richard Stumpf freiwillig zur

Marine gemeldet. Er suchte das Abenteuer und wollte die Welt erobern. Es ist ein Wunsch, den er früh hegte. Als Jugendlicher ist er mal von seiner Heimat in Oberfranken bis nach Südtirol gewandert. Nach einer Lehre als Zinngießer heuerte er auf einem Kriegsschiff an. Und als Deutschland in den Krieg zog, jubelte er. Statt zu Seeschlachten auszurücken, ankerte sein Schiff im Hafen. Reglos verstrichen Tage, Wochen und Monate. Nur ein Mal war die Flotte ausgerückt, zur Skagerrakschlacht. Aber die dauerte kaum vierundzwanzig Stunden, ist mehr als zwei Jahre her und brachte keinen sonderlichen Erfolg. Seither liegen die Schiffe in der Deutschen Bucht fest und sollen die Feinde nur noch von einer Invasion der Küste abschrecken. Über die Untätigkeit war Richard Stumpf oft enttäuscht, verdrossen und zornig. Dachte er an die Soldaten in den Schützengräben, jammerte er: »Unsere Kameraden liegen wohl auch draußen im Dreck bei Sturm und Wetter, aber die wissen wenigstens warum. Wir aber nicht!«

Anfangs sah Richard Stumpf in den Schiffen lebendige Wesen. Er dichtete ihnen eine Seele an und glaubte, dass sie in »jeder Niet, jeder Planke, jedem Schräubchen lebt und webt«. Einmal, als sein Kriegsschiff von einem Vorstoß aufs Meer zurückkehrte, sah er von Deck aus zu den anderen Schiffen der Flotte hinüber und erkannte überall »äußerst erschöpfte Kampfestiere«, die »in den Stall zurücktrotten«. Als die Liegezeiten im Hafen immer länger wurden, sich über Monate bis ins offen Unendliche hinzogen und er sich mit der alltäglichen Routine des Zeittötens abgefunden hatte, kamen ihm die Schiffe nur noch vor wie nutzlose, Kohlen fressende Ungeheuer. Er fühlte sich in ihrem dunklen, muffigen Innern eingesperrt. »Unser aller Gefängnis«, hielt er nach einem Heimaturlaub in seinem Notizheft fest und haderte damit, dass er seine Familie bereits nach zwei Wochen wieder hatte verlassen müssen. Zurück in Wilhelmshaven, dachte er bloß: »Da ist nun wieder diese Welt von Eisen und Wasser, jetzt musst Du wieder vergessen, dass Du Mensch bist.«

Schon vor Jahren hat Richard Stumpf begonnen, Gedanken

und Erlebnisse festzuhalten. Seine Notizen umfassen Hunderte Seiten, aufgezeichnet mit schwarzer Tinte. Mittlerweile schreibt er jedoch seltener und hält sich kürzer. Manches wird er später nachtragen und überarbeiten. Seit einigen Wochen registriert er, wie das Ende des Kriegs unübersehbar näher rückt. Immer offener zeigen die Mannschaften, wie sehr sie ihre Vorgesetzten verachten. Kürzlich haben Matrosen einen Leutnant totgeprügelt, was nicht einmal mehr hart bestraft worden ist. Und als vor zwei Tagen der Kleine Kreuzer *Straßburg* in See stechen sollte, verhinderten die Heizer die Ausfahrt, indem sie einfach ihr Schiff verließen und sich stattdessen an Land herumtrieben. Ihre Kameraden löschten unterdessen die Feuer unter den Kesseln und öffneten die Flutventile, um das Schiff zu versenken. Das konnte verhindert werden, aber niemand musste für die Rebellion ins Gefängnis.

Richard Stumpf versteht den Hass seiner Kameraden auf die Vorgesetzten, obwohl er der Deutschen Vaterlandspartei angehört, die unter keinen Umständen auch nur einen eroberten Meter in Frankreich aufgeben will. Gleichwohl hält er die allermeisten Seeoffiziere für arrogante Aufsteiger, die nichts lieber tun, als ihre Untergebenen zu schikanieren. Sie tummelten sich besonders auf den großen Schlachtschiffen, die zu Abfallsammelstellen für die unfähigsten Marineoffiziere geworden seien. Ständig präsentierten sie sich als militärische Elite und beschimpften ihre Untergebenen unablässig als Pack, Dreckskerle, Schweinebande und Proletengesindel. »Ihr Dämelsäcke, ihr Affengesichter! Geh weg, du Schwein, du Biest, du stinkst!«, schrie einer, und ein anderer meinte zu einem Matrosen: »Ob Sie verrecken oder nicht, das ist uns egal, die Hauptsache ist die Gefechtsbereitschaft des Schiffes. Leute sind Nebensache, denn die können wir kriegen, soviel wir haben wollen.« Von unzähligen solcher Ausfälligkeiten werden die Seeleute später vor einem Reichstagsausschuss erzählen. Diese sadistischen Offiziere haben ihm, klagt Richard Stumpf, die Liebe zum Vaterland ausgetrieben.

Nirgends offenbart sich die Kluft zwischen Offizieren und Matrosen eindrücklicher als beim täglichen Essenfassen. Während sich die Mannschaften mit halber Brotration begnügen müssen und grundsätzlich keinen Alkohol trinken dürfen, werden die Vorgesetzten täglich fetter und aufgedunsener: Sie erhalten abends bis zu sieben Gänge, fast immer Fleisch, Kartoffeln und Gemüse. Oft besaufen sie sich noch mit Wein, Bier und Schnaps. Wenn sie dann in der Offiziersmesse anfangen zu singen, ist ihr Krakeelen bis in die Kasematten der Matrosen und Heizer zu hören.

★

Am späten Nachmittag beginnt es zu nieseln. Nebel umhüllt die Flotte und lässt sie im Staubregen verschwinden. Vom Bug aus ist nicht einmal mehr das Heck zu sehen. Eine Ausfahrt wäre damit viel zu gefährlich. Richard Stumpf klettert unter Deck des 125 Meter langen Schlachtschiffs. Anfangs hatte er Tage gebraucht, um sich in diesem schmucklosen Labyrinth aus Gängen, Steigleitern, Heizräumen und Kammern zurechtzufinden. Damit die Räume bei einem Angriff kein Feuer fangen, hat man bei Kriegsbeginn Teile des Mobiliars von Bord geschafft und die Farbe der Innenwände heruntergekratzt. Während die Kabinen der Kommandanten und Offiziere achtern und somit ruhig im Wasser liegen, sind Unteroffiziere und Mannschaften im Vorschiff untergebracht.

Frühmorgens, mittags und abends speist Richard Stumpf mit seinen gut tausend Kameraden an langen Bänken und Tischen. Sie erhalten Corned Beef mit Zwiebeln, einfache Graupensuppe oder dicke Graupen, die sie als Kälberzähne bezeichnen. Letztlich ist es immer der gleiche, meist faulige Fraß, der unbekömmlich im Magen liegt. Manchmal kotzen sie wenig später alles wieder aus.

Mehrmals haben die Mannschaften besseres Essen gefordert, besonders im Sommer vergangenen Jahres: Am 6. Juni 1917 rebellierten die Heizer der *Prinzregent Luitpold*. Nachdem sie vormittags tonnenweise Steinkohlen geschaufelt hatten, gab es für die müden, rußverschmierten Kerle nur dünnes Dörrgemüse. Als sie sich beschwerten, ließ der Erste Offizier alles wegschütten und schickte die Männer zurück zum Dienst. Dann schimpften die Kameraden auf der *Posen* über vermoderte Rüben. »Ihr verfluchten Schweinehunde!«, schrie ein Vorgesetzter. »Ihr sollt froh sein, dass ihr überhaupt noch etwas zu fressen bekommt.« Und auf der *Helgoland* hieß es: »Ihr bekommt immer noch zu viel zu essen. In den Speiseabfällen finden sich Reste von guten Kartoffeln und einwandfreiem Brot.«

Mitte Juli 1917 setzte man der Mannschaft der *Prinzregent Luitpold* schimmelige Steckrüben vor. Nicht einmal ein Hungerstreik änderte etwas an der miesen Kost. Als die Vorgesetzten zwei Wochen später einige Kameraden für einen unerlaubten Ausflug bestraften und zudem mal wieder eine Filmvorführung absagten, die zu den seltenen Vergnügungen zählen, begann der Protest: Am 1. August 1917 verließen vierhundert Matrosen ihr Schiff, marschierten durch Wilhelmshaven und über den Deich nach Rüstersiel. Dort, im Wirtshaus »Zum Weißen Schwan«, forderte der Heizer Albin Köbis erstmals öffentlich ein Ende des Krieges und sofortigen Frieden. Hunderte der Matrosen wurden daraufhin verhaftet. Die meisten kamen zu Strafbataillonen an die Front oder wurden zum gefährlichen Minensuchdienst in der Nordsee eingeteilt. Sechsundsiebzig Seeleute erhielten jahrelange Gefängnisstrafen. Gegen zwei angebliche Hauptträdelsführer wurden zweifelhafte Todesurteile verhängt. Sie hätten einen, wie es hieß, vollendeten Aufstand gewagt. Admiral Reinhard Scheer verhinderte sogar, dass die beiden Unglücklichen ihr Recht auf ein Gnadengesuch beim Kaiser wahrnehmen konnten. Er wollte unbedingt ein Exempel statuieren. Der zweiundzwanzigjährige Matrose Max Reichpietsch und der vierundzwanzigjährige Heizer Albin Köbis hatten sich 1912 freiwillig zur Marine gemeldet. Fünf Jahre später, am 2. September 1917, wurden sie auf dem Artillerieschießplatz Wahner Heide in Köln erschossen. »Ich hätte jeden für einen Narren erklärt, der behauptet hätte, dass in meinem Vaterlande ein Mensch zu Zuchthaus und zum Tode verurteilt werden kann, ohne dass er etwas Ungerechtes getan hat«, notierte Richard Stumpf damals. »Allmählich geht mir eine ganze Bogenlampe auf, warum manche Menschen das Militär und sein System mit solcher Leidenschaft bekämpfen. Armer Karl Liebknecht! Wie tust Du mir heute leid.« Noch immer trauern die Matrosen aller Schiffe um die beiden hingerichteten Kameraden.

Nach dem Abendessen klappen die Matrosen und Heizer die Tische und Bänke zusammen. Sie erhalten schmale Hängematten, die in engen Reihen nebeneinander aufgehängt werden. Ein jeder kriecht in seinen Krepierbeutel, den Schlafsack. »Ich kann mir kein beruhigenderes Gefühl denken, als wie wenn man nachts in der Hängematte liegt, plötzlich aufwacht und hört das gleichmäßige Pochen der Schiffsmaschine«, berichtet Richard Stumpf. Nur sein Kopf mit der hohen Stirn, dem schmalen Mund und den Augen mit ihrem milden Blick schauen noch aus dem Schlafsack heraus. Selten kommt ihm der Gedanke, dass eines Nachts ein feindlicher Torpedo an der Bordwand einschlagen könnte. Er schläft mit der Gewissheit ein, dass anderswo auf dem Schiff noch Kameraden wachen. Kürzlich jedoch – als er im Urlaub bei den Eltern war – plagte ihn ein Albtraum: Er sah sich mitten auf der Nordsee treiben, umgeben von lauter schwarzen Augen, die nichts anderes waren als tückische Minen. Unheimlich nah schwammen sie an ihm vorbei. Und plötzlich hörte er ein feines, metallisches Klicken.

Wilhelmshaven

Morgens lechzt Richard Stumpf immer nach frischer Luft. Sein
Kopf schmerzt und ist schwer wie Blei. Der Körper fühlt sich matt
und müde an. Es ist stickig in dem kleinen Raum, den er mit neun-
unddreißig Kameraden teilt. Jeder spricht einen anderen Dialekt.
Die Männer kommen aus Berlin, Leipzig, Frankfurt und Köln,
aus dem Ruhrgebiet und Oberschlesien. Vor dem Krieg waren sie
Mechaniker, Ingenieure, Techniker, Elektriker, Telegrafisten oder
Maschinisten. Man hat sie verpflichtet und in eine blau-weiße See-
mannskluft gesteckt. Auch Bäcker, Metzger, Sattler, Maler, Zim-
merleute, Schuhmacher und Schneider dienen an Bord, während
die Seeoffiziere aus reichen Familien oder dem Adel stammen.
  Jeden Tag verrichten die Seeleute die gleichen Arbeiten. Jede
Stunde ist straff durchorganisiert von frühmorgens bis spätabends.
Obwohl die Schiffe fast nie ausrücken, werden die Matrosen und
Heizer ständig beschäftigt. Denn eine untätige, auf engem Raum
zusammengedrängte Menschenmenge gilt als höchst gefährlich.
Hätte sie doch, wie es heißt, allzu viele Gelegenheiten zum Schwat-
zen und Kritisieren. Der Vormittag beginnt mit Musterung und
Gefechtsdienst, »Kanonenschwoof« genannt. Nachmittags lästige
Turnübungen an Deck und vaterländische Erziehung, der »Ham-
pelmanndienst mit Unterricht«. Anschließend sind Geschütze
und Uniform zu putzen, Seile und Netze zu flicken. Während die
Matrosen auf Trab gehalten werden, müssen die Heizer in den Ka-
takomben tonnenweise Kohlen schaufeln, um die stählernen Ko-
losse unter Dampf zu setzen. Nach dem Abendessen finden noch
Scheinwerferübungen statt. So vergehen die Tage von der Mor-
gendämmerung bis in die Nacht.
  Nur wenig freie Zeit bleibt den Matrosen und Heizern. Aber

anders als die Soldaten in den Schützengräben verbringen sie Monate oder Jahre miteinander. Sie erzählen aus ihrem Leben, singen, tauschen verbotene Zeitungen und Bücher aus, die versteckt in vermeintlichen Fresspaketen an Bord gelangen – und wachsen zu einer Gemeinschaft zusammen. Nur selten dürfen die Matrosen und Heizer – im Gegensatz zu ihren Vorgesetzten – an Land übersetzen, um einen Film zu sehen oder ins Wirtshaus zu gehen. Damit das Schiff jederzeit auslaufen kann, muss der größte Teil der Besatzung stets an Bord bleiben und deshalb auch die dienstfreie Zeit unter Deck verbringen.

Richard Stumpf vervollständigt dann sein Tagebuch oder spielt seine Zither, die er aus der oberfränkischen Heimat mitgebracht hat. Längst fühlt er, wie eine schier unerträgliche Kriegsmüdigkeit auf seinem Herzen lastet und eine moralische Depression sein Gemüt beschwert. »Meine allzeit optimistische Seele beginnt allmählich für Vorstellungen empfänglich zu werden, deren Annahme sie früher beharrlich verweigerte.« Bolschewistische Ideen kursierten in den Köpfen mancher junger Männer. Viele sprächen davon, wie sie sich demnächst als »rote Gardisten« benehmen würden. »Was wird nun geschehen, wenn alle Friedensverhandlungen scheitern sollten und uns nichts übrig bleibt als ein Kampf bis aufs Messer? Es wäre nicht das erste Mal in der Geschichte, dass sich ein Volk in letzter, höchster Not seiner Peiniger mit furchtbarem Schlage erwehrt hätte.«

Gegen zwanzig Uhr versammelt Admiral Franz von Hipper, Chef der Hochseeflotte, seine Geschwaderchefs auf seinem Flaggschiff *Baden*. Nur der Kommandant der *Thüringen*, eines der größten und neuesten Kriegsschiffe, kommt etwas zu spät. Gerade hat er noch seine Mannschaft antreten lassen, um die mehr als 1100 Mann auf eine große Schlacht einzuschwören: »Wir verfeuern unsere letzten zweitausend Schuss und wollen mit wehender Flagge untergehen.«

Mitten im Satz brüllte ein Matrose dazwischen: »Dann fahr mal alleine los.«

Nun, an Bord der *Baden*, erteilt Franz von Hipper den Befehl: Alle Kriegsschiffe – vier Geschwader mit mehr als 30 000 Mann – sollen sich auf Schillig-Reede am äußersten Nordosten Ostfrieslands sammeln, um nachts gegen drei Uhr zu einer entscheidenden Seeschlacht auszulaufen. Einzig General Erich Ludendorff ist seit Längerem über das Vorhaben unterrichtet. Er wurde jedoch vor drei Tagen vom Kaiser als Chef der Obersten Heeresleitung entlassen. Wilhelm II. gegenüber hat die Marineführung nur eine vage Andeutung gemacht. Reichskanzler Max von Baden ahnt nichts vom Plan einer finalen Seeschlacht. Im Hauptquartier der Obersten Heeresleitung will man ihn ohnehin wieder loswerden. Den Matrosen und Heizern soll weisgemacht werden, es handele sich lediglich um ein Flottenmanöver in der Deutschen Bucht.

Schon seit Tagen warten erste kleinere Schiffe auf hoher See auf die Kriegsflotte. Den Befehl, dort Position zu beziehen, haben sie vor gut einer Woche, am 21. Oktober, erhalten – genau einen Tag nachdem die deutsche Regierung den U-Boot-Krieg – trotz des Protestes der Admiräle – für beendet erklärt hatte.

Jetzt will die Marineleitung auch die Großkampfschiffe in Stellung bringen. Während sich die Kommandeure noch beraten, wird dem Chef des III. Geschwaders mitten in die Sitzung hinein gemeldet, auf dreien seiner fünf Kriegsschiffe verweigerten unzählige Matrosen und Heizer, so viele wie nie zuvor, die Befehle oder seien erst gar nicht wieder an Bord aufgetaucht.

Hunderte Matrosen treiben sich in Wilhelmshaven herum und wollen nicht mehr auf ihre Schiffe übersetzen. Von Offiziersburschen und Funkern haben sie gehört, dass Großes vor sich geht. Was genau, wissen sie nicht. Vor allem die Mannschaften der Schlachtkreuzer *Von der Tann*, *Seydlitz* und *Derfflinger* weigern sich,

an Bord zurückzukehren. Auf der *Straßburg* löschen Matrosen das
Feuer unter den Kesseln, weil die Heizer ohnehin den Kreuzer
verlassen haben. An ein Anschlagbrett des Schlachtschiffs *Großer
Kurfürst* hat jemand einen Zettel geheftet:»Schmeißt die Arbeit
nieder! Wir wollen Frieden – oder nicht? Oder sollen wir unseren
Kameraden an der Westfront entgegenarbeiten? Nieder mit dem
Krieg!« Immer mehr Mannschaften erfahren über Funksprüche
und Morsezeichen, was auf anderen Schiffen vor sich geht. An
Bord der *König,* der *Kronprinz Wilhelm* und der *Markgraf* halten
die Heizer die Feuer absichtlich niedrig. Als die Offiziere an die
dreißig Mann festnehmen lassen, missachtet die übrige Mannschaft alle weiteren Befehle. In einem Heizraum, tief unten im
Bauch eines Kriegsschiffs, wo die Feuer glühen, schneidet jemand
die Lichtkabel durch. Nur noch die Feuerstürze unter den Kesseln leuchten in der Dunkelheit. Wasserdampf quillt brausend auf.
Wände, Rostböden und Decken sind kaum mehr auszumachen.
Unterdessen nimmt die Mannschaft des Schiffs *Friedrich der Große*
keine Kohlen mehr an Bord, womit jede Ausfahrt verhindert ist.
Und auf der *Thüringen* demolieren Matrosen und Heizer die An-
kerwinden, zerschlagen Lampen und Heizschlangen, sperren ihre
Unteroffiziere in Kammern ein und erklären ihrem Kommandanten, nur im Falle eines feindlichen Angriffs kämpfen zu wollen –
und keineswegs weiter als bis Helgoland hinauszufahren. Dann
verschanzen sie sich im Vorschiff.

Traurig, tieftraurig beobachtet Richard Stumpf von der *Wittelsbach*
aus die Meuterei auf der *Thüringen* und der *Helgoland.* Aber er verspürt doch auch eine gewisse Schadenfreude und fragt sich, wo
die Allmacht der stolzen Kapitäne und Stabsingenieure geblieben
ist. Von jeher seien die Heizer und Matrosen wie Hunde behandelt
worden. Jetzt aber, da sie ihre Arbeit verweigerten, werde ihnen
klar, dass ohne sie an Bord nichts laufe. »Wer so lange unter dem

Bewusstsein der eisernen Disziplin, des blinden Kadavergehorsams gedient hat wie ich, muss so etwas für unmöglich halten.« Dass die Matrosen ausgerechnet bei einem Angriff – eine feindliche Flotte ist ja angeblich unterwegs nach Helgoland – alles hinwerfen, war für ihn bisher undenkbar. »Jahrelang aufgehäuftes Unrecht hat sich zu gefährlichem Sprengstoff verwandelt und detoniert schon hier und dort mit heftiger Gewalt.« Weshalb nur hat man ihnen so schuftige, gewissenlose Offiziere vorsetzen müssen?

★

Noch in der Nacht stellt Admiral Franz von Hipper fest: »Das geplante Gefechtsbild fällt aus.« Er verschiebt den Befehl zum Auslaufen der Großkampfschiffe auf morgen früh um acht Uhr. Während die Schlachtgeschwader vorerst nahe der Küste bleiben, sollen die Torpedoboote, auf denen es ruhig geblieben ist, in die Nordsee vorstoßen.

Berlin

Am späten Abend bringt die Kaiserin ihren Gatten zum Bahnhof. Auf dem Bahnsteig nimmt sie ihn mit Tränen in den Augen fest in den Arm und drückt ihm still eine Rose in die Hand. Wenig später rollt der Hofzug mit Wilhelm II. gen Westen. Der Kaiser will zu seiner militärischen Führung ins Hauptquartier in der belgischen Bäderstadt Spa reisen, ein paar Tage dort verweilen, die Fronttruppen besuchen und ansonsten seine Ruhe haben. Denn in Berlin gibt es ständig Diskussionen um seine Abdankung. Selbst Großindustrielle wie Hugo Stinnes und Robert Bosch verlangen inzwischen öffentlich, dass er endlich verschwindet. Und dieser Tage ist ein enttäuschender Brief von Kaiser Karl angekommen, dem Freund aus Wien. Stumm hatte Wilhelm die Zeilen gelesen und am Ende geklagt: »Nun stehen wir allein gegen die ganze Welt! Um Österreich nicht im Stich zu lassen, haben wir den Krieg über uns ergehen lassen müssen, jetzt lässt es uns im Stich!« Karl hatte mitgeteilt, er werde mit den Feinden Frieden schließen. Die Verhältnisse zwängen ihn dazu.

Um mit den Amerikanern über Frieden verhandeln zu können, hat sich Wilhelm II. gestern einer neuen politischen Ordnung gefügt, dem Reichstag weitgehende Rechte zugestanden und damit seine Macht selbst beschnitten. Die Regierung ist nicht mehr von seinem Vertrauen abhängig, sondern wird fortan von den Mehrheiten im Reichstag gewählt und abberufen. Ferner muss das Parlament sowohl einer Kriegserklärung als auch einem Friedensschluss zustimmen. Offiziere können nur mit einer Unterschrift des Reichskanzlers oder der Kriegsminister der einzelnen Länder ernannt, befördert oder entlassen werden. Damit ist das Deutsche Reich einer Forderung des amerikanischen Präsidenten Woodrow Wilson nachgekommen.

Jetzt, da es überall im Lande gärt, braucht Wilhelm II. schnellstmöglich einen Waffenstillstand. Nur wenn keine feindliche Invasion mehr droht, könnte er an der Spitze der eigenen Fronttruppen zurück in die Hauptstadt marschieren und jeden, der weiterhin seine Abdankung verlangt, verfolgen und unterdrücken. Mit dem Hofzug verlässt er Berlin in der Dunkelheit.

Spa

Im Großen Hauptquartier im belgischen Heilbad Spa überlegen die obersten kaiserlichen Militärs seit Längerem hin und her, wie man den lästigen Kaiser loswerden und die Monarchie retten könnte. Man müsste Wilhelm mit einem Stoßtrupp weit nach vorne an die Front bringen, damit er dort heldenhaft ums Leben käme, von feindlichen Kugeln getroffen, von einer Granate zerfetzt oder durch Giftgas getötet. Auf diese Weise wäre ein Mythos geschaffen: Künftige Generationen könnten in Wilhelm eine deutsche Legende erblicken, einen tragisch gescheiterten Arminius. Allerdings wäre es ein Desaster, wenn der Kaiser in Gefangenschaft geriete.

Auch Admiral Reinhard Scheer, der Oberbefehlshaber der Kaiserlichen Marine, sitzt im Hauptquartier. Ihm schwebt vor, den Flottenkaiser mit einem Schiff in eine letzte Schlacht zu schicken. Wüsste Wilhelm II., dass sogar die Marine bereit ist, ihn zu opfern, es wäre für ihn der größtmögliche Verrat. Schließlich sieht er die Marine als seine ureigene Schöpfung an. Ohne ihn wäre sie unbedeutend geblieben. Er hat sie aufgebaut und sich höchstpersönlich viele Jahre lang selbst in kleinste technische Details eingemischt, etwa in Fragen der richtigen Armierung. Regelmäßig hat er neue Schiffsmodelle skizziert und sich heftig mit seinen Admirälen über Angriffsstrategien gestritten. Um seine Forderung nach mehr Kreuzern durchzusetzen, hatte er inkognito Artikel für die *Marine-Rundschau* verfasst. Es machte ihn wütend, wie ablehnend die obersten Seeoffiziere auf seine Vorschläge und Anordnungen reagierten.

Ständig zoffte sich Wilhelm II. mit dem Reichsmarineamt, den Konstrukteuren und besonders mit seinem Großadmiral Alfred von Tirpitz, den er lauthals einen Lügner und Intriganten schimpfte. Sie hätten doch alle so überhaupt keine Ahnung, motzte er und ließ regelmäßig den Chef des Marinekabinetts antreten. Dem zeichnete er, damit dieser es endlich verstünde, seine Ideen mit feinen Bleistiftstrichen auf Papier und erklärte, wie die Kriegsschiffe zu panzern seien. Er dozierte, warum es der Schiffsartillerie mittleren Kalibers an Durchschlagskraft fehle – und welche Taktik sich daraus zwangsläufig für eine Seeschlacht ergebe. Und doch war es Tirpitz gewesen, der einst den Kaiser von einer gewaltigen Seestreitmacht überzeugt hatte, als er formulierte: »Weltpolitik als Aufgabe, Weltmacht als Ziel, Flotte als Instrument.«

Mittwoch, 30. Oktober

Wilhelmshaven

Früh um halb fünf wecken einige Matrosen der *Markgraf* ihre Kameraden. Ein Oberheizer namens Schildgen berichtet, was sich in der Nacht in der Offiziersmesse zugetragen hat. Besoffen und noch verrückter als sonst hätten die Offiziere von Ehre und Heldentod gebrüllt, von einer Fahrt an die englische Küste, einem letzten Angriff und dabei gesungen: »Dir woll'n wir unser Leben weih'n. Du Flagge schwarz-weiß-rot.« Die Matrosen schütteln die Köpfe. Niemand will einen so wahnwitzigen Angriff. Dadurch würden nur die Verhandlungen mit Amerika gestört und der Frieden verzögert. Wie passt ein solches Abenteuer überhaupt zur Politik der Regierung? Es gibt doch bereits ein deutsches Angebot für einen Waffenstillstand. Und jeder hier weiß, dass vom Kabinett beschlossen wurde, alle militärischen Angriffe einzustellen – genau wie von Amerika gefordert. Und nun soll man England angreifen?

Unterdessen weigern sich die Matrosen der *Thüringen*, ihre Plätze in den Gefechtsstationen einzunehmen, und verbarrikadieren sich in einem großen Raum im Vorderschiff. Die Männer verhindern, dass sich die Anker hieven lassen, indem sie die Stopper der Ankerketten dichtmachen. Zeitgleich wird auf dem hoch gelegenen Signaldeck eine rote Flagge gehisst, die bis zur *Helgoland* hinüber sichtbar ist. Weder dort noch auf der *König Albert* werden Kohlen unter die Kessel geschaufelt. Offiziere und Obermaschinisten drohen ihren Heizern mit gezückten Pistolen. Als ein Schuss knallt und ein Heizer stöhnend zu Boden fällt, greifen seine Kameraden zu Schaufeln und Schürhaken und stürzen auf ihre Gegner los.

★

Drei Mal verschiebt Flottenchef Admiral Franz von Hipper im
Laufe des Tages das Auslaufen der Schiffe.

Spa

»Stirb und Werde«, notiert heute Admiral Reinhard Scheer, Stabschef der Seekriegsleitung und damit faktisch Oberbefehlshaber
der Kaiserlichen Marine. Er ist ein bulliger, hochdekorierter Militär mit einem stechenden, selbstbewussten Blick. Trotz der Meu-
tereien will Scheer weiterhin den Angriff auf England durchführen, wenn er sich davon auch keine Wendung, geschweige denn
einen Sieg erhofft. Doch es geht ihm um die Ehre und Existenz
der Marine, deren sündhaft teure Schlachtschiffe in den vergangenen vier Kriegsjahren nicht einmal drei Wochen lang im Einsatz auf dem Meer gewesen waren. Schließlich ist die Flotte die
einzige Waffe, die dem Deutschen Reich noch bleibt. »An den Untergang unseres Volkes kann ich nicht glauben«, schrieb er seiner
Frau vor zwei Tagen zum Geburtstag. »Aus der Flut von Hass, die
uns jetzt umströmt, wird doch einmal, und ich glaube sogar bald,
das Gefühl der Achtung vor unserer Willenskraft aufgehen und
uns zu Ehren und Ansehen bringen.« Es sei unmöglich, dass die
Flotte untätig bleibe. Sie müsse eingesetzt werden. Nur durch einen sichtbaren Erfolg lasse sich ihre Berechtigung beweisen. Und
dann wären auch die Deutschen für einen letzten heroischen End-
kampf zu begeistern.

»Aus einem ehrenvollen Kampf der Flotte, auch wenn er ein
Todeskampf wird«, hat Konteradmiral Adolf von Trotha kürzlich
prophezeit, wird »eine neue deutsche Zukunfts-Flotte hervor-
wachsen.« Weil Reinhard Scheer diese Ansicht teilt, hat er vor gut
einer Woche den Operationsplan Nr. 19 genehmigt: Die deutsche

Kriegsflotte wird in der Nacht in Richtung Ärmelkanal vorstoßen. Im Schutze der großen Schlachtschiffe werden dann leichte Schiffe sowohl die Küste Flanderns angreifen als auch in die Mündung der Themse vorstoßen. Gleichzeitig sollen 800 Kilometer weiter nördlich deutsche U-Boote etwas Unmögliches vollbringen: in den mit Sperren und Minen abgeriegelten Kriegshafen Scapa Flow eindringen und dort möglichst viele britische Schlachtschiffe versenken.

Für die Operation ist das Flottenflaggschiff *Baden* eingeplant, zudem zwölf große Schlachtschiffe, fünf Schlachtkreuzer, sechzehn kleinere Kreuzer, sechzig Torpedoboote, fünfundzwanzig U-Boote und sieben Luftschiffe. Mit dieser Drohkulisse will man die englische Flotte ins Gefecht locken. Auch wenn nur ein kleiner Teil der deutschen Flotte die Seeschlacht überstehen dürfte, bliebe doch die Macht der Marine erhalten. Dass dabei Zehntausende Seeleute umkämen, findet Reinhard Scheer nicht allzu bedauernswert – ganz im Gegenteil: Sie seien ohnehin vom Bolschewismus infiziert.

Berlin

In zwei oder drei Tagen soll in der Hauptstadt ein Aufstand losgehen, erfährt der Kunstsammler und Diplomat Harry Graf Kessler am Morgen. Schon länger gebe es in der Apparatefabrik Zwietusch in Charlottenburg geheime Verhandlungen. Trete der Kaiser nicht endlich zurück, wollten auch die Arbeiter aller Fabriken im Wedding auf die Straße gehen. Rotgardisten unterstützten jeden Aufruhr. In den vergangenen Wochen flatterten bereits revolutionäre Flugblätter in den Straßen umher.

★

Mit jedem Tag spinnt sich das geheime Netz von Gefolgsleuten dichter, das Otto Franke in Rüstungsbetrieben, Flugzeugwerken und Gewehrfabriken aufgebaut hat. Extrem achtsam müssen die Verschwörer dabei vorgehen, wenn sie neue Männer und Frauen für ihre Sache gewinnen wollen. Keinesfalls dürfen sie sich einen Verräter einhandeln – das wäre das Ende ihres Umsturzplanes. Manchmal dauert es Wochen, bis sie einem Menschen vertrauen. Sie müssen erst herausfinden, wie jemand denkt und handelt, mit wem er sich abgibt und wen er trifft. Wer bei dieser Verschwörung auffliegt, dem droht Haft oder gar Militärdienst. Otto Franke weiß nur allzu gut, wie es an der Front ist. Vor zwei Jahren hatte er mit seinem Freund Karl Liebknecht eine Friedensdemonstration veranstaltet, was ihm zunächst Haft und schließlich die Ostfront eingebracht hatte. Doch ihm gelang die Flucht aus Baranawitschy, und auf verschlungenen Wegen schlug er sich durch, zurück nach Berlin. Seither lebt er untergetaucht in der Hauptstadt und schaut sich bei jedem Gang auf die Straße nervös nach Polizisten um.

Mittlerweile ist sein geheimes Netzwerk in allen Industriebezirken Berlins verankert. Es spinnt sich nicht nur durch die großen Fabriken, sondern bis hinein in die kleinen Betriebe der Zulieferer. In jedem Unternehmen werden die Gefolgsleute von einem Obmann, manchmal auch einer Obfrau geführt. Sie alle wollen den Krieg nicht länger hinnehmen und nicht mehr um ihre Söhne, Brüder und Ehemänner fürchten müssen. Auch den unerträglichen Hunger und die brutalen Arbeitsbedingungen halten sie nicht mehr aus: Zwölf Stunden am Stück müssen sie mancherorts Granaten drehen. Nicht wenige Arbeiterinnen sind neben der Werkbank entkräftet zusammengebrochen. Vorerst kümmern sich die Obleute um die Kollegen, helfen am Arbeitsplatz aus, schauen nach den Familien und reichen Flugblätter weiter.

Weil Streiks nichts bringen und mit Gefängnis oder Frontdienst bestraft werden, bereiten die Obleute jetzt eine Revolution vor. Alles soll sich verändern, das Alte verschwinden. Noch sind sie eine stille, unbekannte Macht. Aber sie stützen sich auf das Vertrauen

Zehntausender Arbeiter, auch wenn die meist nichts von dem verborgenen Netzwerk ahnen. Angeleitet werden die einzelnen Obleute von einer engeren Führung. Auch Otto Franke, der von Anfang an, seit Oktober vergangenen Jahres, dabei ist, zählt zu diesem Kreis der Revolutionären Obleute, wie sie sich nennen. Seit Kurzem bespricht er sich wieder täglich mit Karl Liebknecht. Nach der Friedenskundgebung im Frühjahr 1916 war der Freund zu vier Jahren und einem Monat Zuchthaus verurteilt worden. Dass Liebknecht, der damals als Abgeordneter im Reichstag saß, auf dem Potsdamer Platz öffentlich »Nieder mit dem Krieg! Nieder mit der Regierung« gerufen hatte, war vom Kriegsgericht als Hochverrat gewertet worden. Deshalb hatte man ihm auch seine bürgerlichen Ehrenrechte entzogen: Er durfte nicht mehr wählen oder gewählt werden. Aber dieser Prozess hat ihn im ganzen Reich zum Märtyrer gemacht. Vor einer Woche ist er mit vielen anderen politischen Gefangenen von der Reichsregierung amnestiert worden und konnte endlich das Zuchthaus im brandenburgischen Luckau verlassen.

Sofort nach seiner Entlassung wurde Karl Liebknecht zu einem Empfang in die sowjetische Botschaft eingeladen. Lenins Mann in Berlin, Adolf Abramowitsch Joffe, sieht in ihm den Führer einer deutschen Revolution. »Ein blasser, stummer, düsterer Asket war das, der da in der Tür stand«, berichtet der Schriftsteller Arthur Holitscher, der ihn auf dem Empfang traf. »Das Haar, das er ehedem wellig trug, kurz geschoren, die Wangen eingefallen, rasiert bis auf einen kleinen gestutzten Schnurrbart. Graugrüne Zuchthausfarbe lag über diesem Gesicht. Sonderbar die Augen, zwischen Unstetigkeit und Starre wechselnd.« Eisig, hart und unerbittlich habe Liebknecht gesprochen und seine Faust wie einen Hammer auf den Tisch geschlagen, immer auf dieselbe Stelle. »Wir müssen zur Tat schreiten. Keine Zeit verlieren. Zur Tat.« Er will den Kapitalismus überwinden und die Arbeiter befreien. Das äußerst Mögliche, notierte er einmal, sei nur erreichbar durch das Greifen nach dem Unmöglichen. Doch Karl Liebknecht besitzt nicht viel mehr als die Macht seines Wortes. Seine Spartakisten zählen nur einige Tausend Anhänger und bilden lediglich eine winzige Gruppe innerhalb der Unabhängigen Sozialdemokratischen Partei Deutschlands. An jenem Abend aber stieß er mit dem Botschafter an, schlürfte Wein aus Bleikristallgläsern und erhielt ein festliches Mahl.

Am Nachmittag klingelt das Telefon des Kunstsammlers Harry Graf Kessler. Das Kabinett des Reichskanzlers will ihn zum polnischen Freischärler Józef Piłsudski schicken, der in einer Magdeburger Festung eingesperrt ist. Kessler solle ihm sagen, er käme als alter Kriegskamerad, um mit ihm über eine mögliche Entlassung zu reden. Eine neue deutsche Regierung gehe davon aus, dass Piłsudski seine wiedergewonnene Freiheit nicht für den Kampf gegen das Deutsche Reich nutzen werde.

Donnerstag, 31. Oktober

Wilhelmshaven

Als sich die Mannschaft der *Thüringen* am Morgen im Vorderschiff einschließt, um erneut ein Auslaufen zu verhindern, besetzen ihre Vorgesetzten alle Ausgänge, Luken und Schotten. Hilflos beobachten die Seeleute durch die Bullaugen, wie sich das Torpedoboot *B 97* ihrem Schlachtschiff nähert und seine Geschütze auf sie richtet. Ein Postschiff dockt an, von dem aus mehr als zweihundert Seesoldaten auf die *Thüringen* klettern und unter Deck stürmen. Sollten sich die Meuterer nicht festnehmen lassen, wird das Schiff beschossen.

»Lieber Papa«, schreibt ein Soldat des Torpedobootes später, »wenn Du wüsstest, wie mir zumute gewesen ist, als wir die Kanonen auf unsere Kameraden richteten, welch ohnmächtige Wut ich hatte.« Endlich, nach einer Stunde, signalisieren die Matrosen mit einer Flagge, dass sie aufgeben. 650 Mann werden abgeführt. »Uns fiel ein Stein vom Herzen, es hing an Haaresbreite, und auch wenn wir niemals auf unsere Kameraden geschossen hätten, auf uns waren von der *Helgoland* drei 15-cm-Geschütze gerichtet, und wenn nur ein Schuss gefallen wäre, von *B 97* wäre kein Holzsplitter mehr übrig geblieben. Ich werde den 31. Oktober mein Leben lang nicht vergessen.«

Es wäre kein Schuss gefallen – denn in den Geschützen der *Helgoland* befand sich keine Munition. Die lag sicher verstaut in Kammern, zu denen nur die Offiziere die Schlüssel haben. Auch Hunderte Männer der *Helgoland* werden abgeführt – und doch ist es den Seeleuten beider Kriegsschiffe gelungen, den Angriffsplan der Flottenführung zu vereiteln. Aufgrund der vielen Festnahmen sind die Mannschaften nun so klein, dass die beiden Schiffe unmöglich zu einer Schlacht ausrücken können.

Noch am Vormittag sieht sich Flottenchef Franz von Hipper gezwungen, den Angriff auf England abzublasen. Dieser Sieg über ihre Vorgesetzten erfüllt die Matrosen und Heizer mit Stolz – sind sie es doch, die die Regierung vor einer katastrophalen Erklärungsnot bewahrt haben. »Auf alle Fälle ist es mit der Herrlichkeit der Offiziere aus«, notiert Richard Stumpf. Sie gäben klein bei und seien wie umgewandelt. »Unser Rollenoffizier ist die Freundschaft selbst geworden.« Nur der neue Kommandant sei weiter steif und unbelehrbar. »Für mich ein ästhetisches Vergnügen, wenn er irgendeinem Seemann ob des Grußes anfällt und dieser dann zusammenklappt wie ein Taschenmesser. Mir selbst ging es heute so. Als er mich heute früh in väterlich mildem Tone fragte, warum ich ihn nicht grüße, versagte mir fast die Antwort vor Scham über mein ungezogenes Verhalten.« Noch manch ein Offizier werde einsehen, dass Vorrechte allein nicht satt und zufrieden machten. Ungewohnte, feierliche Gefühle erfassen die Matrosen, die selbstbewusst über Bord stolzieren. Auch Richard Stumpf genießt es, Befehle zu ignorieren.

★

Derweil teilt Flottenchef Franz von Hipper die Kriegsschiffe auf, um wenigstens die Meuterei zu zerschlagen: Das I. Geschwader soll nach Brunsbüttelkoog am Kaiser-Wilhelm-Kanal fahren, und das III. Geschwader wird zurück zum Heimathafen Kiel beordert. Das IV. Geschwader bleibt in Wilhelmshaven, darunter die *Wittelsbach* mit Richard Stumpf. Bald verlässt das III. Geschwader mit den fünf Schiffen *König*, *Bayern*, *Großer Kurfürst*, *Kronprinz* und *Markgraf* den Jadebusen. Die Mannschaften folgen wieder den Befehlen ihrer Kommandanten. Unten in den Heizräumen lodern die Feuer hell unter den Kesseln. Die Heizer werfen Kohlen auf, schüren die Glut und keschern Schlacken heraus. Auf ihren halb nack-

ten Körpern schimmert die Glut wider, Schweiß rinnt über die
rußbedeckte Haut, und schwarze Dampfwolken steigen aus den
Schornsteinen. Als wäre nie etwas gewesen, fährt das Geschwader
um Cuxhaven herum, biegt in die Elbe ein, passiert Brunsbüttelkoog und dampft in der Dämmerung im Kaiser-Wilhelm-Kanal
ostwärts in Richtung Kieler Förde.

Magdeburg

Harry Graf Kessler sucht Józef Piłsudski in der Festung auf. Im
ersten Stock eines alten schwarzen Häuschens mit trüben Fenstern, das im Innern der Festung steht, ist er mit seinem Stabschef
untergebracht. Kessler zieht sich mit dem polnischen Freischärler
in dessen Schlafzimmer zurück. Zuletzt waren sich die beiden als
Soldaten in einem Unterstand beim Dorf Staryi Tschortoryjsk in
Wolhynien begegnet. Piłsudski sieht gealtert und geschrumpft aus
und ähnelt Nietzsche. Sie sprechen Deutsch, das der Pole fließend,
wenn auch nicht fehlerfrei beherrscht. Polen und Deutschland
seien als Nachbarn aufeinander angewiesen, sagt er. Millionen-
völker könnten nicht, selbst wenn sie sich das gegenseitig wünsch-
ten, von der Erde verschwinden.

Berlin

Kalter Wind weht durch die Straßen, Regen prasselt abends vom
Himmel, als Fritz Zikelsky gemeinsam mit fünf fahnenflüchtigen
Freunden durch Neukölln streift. Sie halten Ausschau nach Poli-
zisten, denen sie die Waffen entwenden wollen. Allein in diesem
Stadtteil sollen zweihundert Fahnenflüchtige untergetaucht sein.
Seit Sommer sind Hunderttausende deutsche Soldaten desertiert

oder haben sich den Feinden ergeben. Die meisten dieser Männer sind müde, krumm und halb lahm. Zikelsky aber zählt zu den trotzigen Draufgängern. Mit seinen Freunden klebt er sozialistische Flugblätter an Hauswände. Als vergangene Nacht plötzlich zwei Pickelhauben hinter ihnen standen, schlugen die jungen Männer mit ihren Fäusten zu – bis die beiden Polizisten blutend auf der Straße lagen und winselten. Sie zerbrachen deren Säbel und stahlen Revolver samt Munition. Deshalb fahnden heute überall Polizisten nach ihnen. Fritz Zikelsky und seine Freunde gaben sich tagsüber als friedliche, unauffällige Bürger. Nun aber schleichen sie erneut durch Neukölln und suchen nach Pickelhauben. Schon bald besitzen sie fünf weitere Revolver. Nacht für Nacht ziehen sie fortan los, immer auf der Suche nach Waffen. Am liebsten sind ihnen Revolver samt Koppel. Allein im Volkspark Hasenheide werden sie neun Polizisten ausrauben. In wenigen Tagen wird ihre Gruppe sechzehn Mann zählen und am Ende zwei Gewehre und neunzehn Armeerevolver untereinander verlosen. Wenn die Revolution kommt, sind sie bewaffnet.

Kiel

Kurz bevor die fünf Schiffe *König*, *Bayern*, *Großer Kurfürst*, *Kronprinz* und *Markgraf* in den Kieler Hafen einfahren, halten sie noch einmal an der Schleuse Holtenau. Es ist mitten in der Nacht. Sterne leuchten am Himmel. Offiziere haben erneut siebenundvierzig Matrosen der *Markgraf* verhaften lassen, die ihnen als Rädelsführer der Meuterei gelten. Im kühlen Dunkel stolpern die Männer ans Festland, wo sie von Seesoldaten verprügelt und auf zwei Arrestanstalten verteilt werden. Ihre Kameraden an Bord sind sich sicher, dass man sie erschießen wird – wie im Jahr zuvor Albin Köbis und Max Reichpietsch.

Gegen Mitternacht erreichen die fünf Schiffe die Seekriegshauptstadt Kiel mit ihren Forts, den Werften und dem Torpedo-hafen, den Proviantämtern, Waffenarsenalen und Munitionsfa-briken. Rund um die Förde befinden sich Schießstände, Exer-zierplätze, eine Marineakademie und ein Observatorium. Die Industriestadt hat Danzig als Marinestation der Ostsee abgelöst. 70 000 Arbeiter sowie 50 000 Soldaten und Marineangehörige sind in Kiel untergebracht. Sie wurden aus allen Regionen des Reiches eingezogen. Viele wollen nach Hause oder wenigstens bes-ser verpflegt werden. Während die *König* in die Werft fährt, um für eine Wartung in das große Schwimmdock einzuschleusen, ma-chen die anderen vier Schiffe auf der Reede fest. Mit dem III. Ge-schwader befinden sich noch einmal fünftausend Seeleute mehr in Kiel.

Freitag, 1. November

Kiel

Am Vormittag dürfen die fünftausend Matrosen und Heizer des
III. Geschwaders an Land übersetzen. Sie sollen sich die Zeit vertreiben, auf andere Gedanken kommen und die Meuterei vergessen. Überall in Kiel sind Blaujacken zu sehen. »Marine und wieder
Marine, Matrosen als Kellner, als Friseure, als Bademeister und
als Musiker, Matrosen zu Pferd, Matrosen auf dem Kutschbock,
auf der Post und hinterm Ladentisch«, so beschreibt es der Seeof-
fizier Hans Gustav Bötticher. Jeder hier lebt von der Marine, die
Schuster und Schneider, die Friseure und Kramer, die Hoteleigner
und Sektlieferanten. Die Matrosen laufen meist in weißen Leinenuniformen mit einem blau-weißen Kragen umher. Auf dem Kopf
tragen sie eine Tellermütze, in die der Name ihres Schiffs einge-
stickt ist. Doch den Männern des III. Geschwaders ist heute nicht
nach Bummelei. Am Nachmittag sammeln sich rund 250 von ihnen im Gewerkschaftshaus und diskutieren stundenlang über ihre
festgenommenen Kameraden. Sie wollen nicht zur Tagesordnung
übergehen, solange die Freunde eingesperrt sind und erschossen
werden könnten. Was aber ist zu tun, wenn ihre Schiffe wieder
auslaufen sollen? Morgen wollen sie sich erneut treffen und entscheiden.

Berlin

Irgendwem müssen die jungen Männer und auch die vielen Kisten aufgefallen sein. Cläre Casper hält erschrocken inne. Mit der Post hat sie gerade eine Vorladung erhalten. Sie soll zur Vernehmung in die Abteilung IA kommen, zur politischen Polizei. So schnell wie möglich müssen all die Waffen aus ihrer Wohnung in Charlottenburg fortgeschafft werden, vierhundert Pistolen und 20 000 Schuss Munition.

Cläre Casper hätte es sich denken können, dass man sie im Auge hat. Hatte sie sich doch im Januar beim großen Streik der Munitionsarbeiter hervorgetan, der fast in einer Revolution gemündet wäre. Damals demonstrierten im ganzen Land Hunderttausende Menschen. Allein in Berlin verschwanden anschließend Tausende im Zuchthaus, viele andere mussten an die Front. Seit jenen Januartagen ist sie sich sicher, dass man nur mit Waffen etwas verändern kann. Sie trat der Partei der Unabhängigen bei und wurde als einzige Frau in den inneren Kreis der Revolutionären Obleute aufgenommen. Im Sommer erfuhr sie dann von einem thüringischen Genossen in Suhl, der Waffen beschaffen könne, und bot ihre Wohnung als Zwischenlager an. Seither nimmt Cläre Casper regelmäßig Pistolen und Munition entgegen, bis diese von zwei jungen Männern abgeholt werden. Von der Wohnung aus schleppen sie die Waffen in Kästchen verpackt zu einem Pferdefuhrwerk, das ein paar Häuser entfernt steht. Mit diesem werden sie zu Verschwörern überall in der Stadt gebracht.

Jetzt kramt Cläre Casper selbst Kisten hervor und packt die Pistolen dicht an dicht. Als die beiden Männer endlich eintreffen, hilft sie ihnen, die schweren Kisten auf den Rücken zu wuchten, und steckt jedem eine Brotstulle in die Manteltasche.

Wenig später sitzt die gerade einmal vierundzwanzigjährige Frau vor einem Polizisten, der ihr aus einem anonymen Schreiben vorliest. Ihr Herz pocht wie selten zuvor. Aus ihrer Wohnung, heißt es, würden Kisten mit Dynamit herausgetragen. Das könne

nicht sein, entgegnet sie, weil sie sich viel zu sehr vor solchem Zeug
fürchte. Deshalb habe sie auch noch nie in einer Munitionsfabrik
gearbeitet. Wie solle sie überhaupt an diese gefährlichen Dinge
kommen? Ja, sie habe Kisten aus dem Haus getragen, aber darin
seien Äpfel gewesen, die sie habe weiterverkaufen wollen, um etwas Geld zu verdienen. Schließlich weiß der Beamte auch nicht
weiter und zeigt ihr den Brief. Er ist in einer ihr fremden Hand-
schrift verfasst.

Die Aufstände rücken auf Berlin zu. In der Zeitung liest Harry
Graf Kessler, dass gestern der ungarische Ministerpräsident
István Tisza Graf von Borosjenő und Szeged in Budapest ermordet worden ist. Anders als die Regierung in Wien hatte er schon
vor Kriegsbeginn brutal jegliche Interessen nationaler Minder-
heiten oder demokratischer Gruppen unterdrückt und galt daher
bald als verlässlicher Partner der deutschen Regierung. Auch in
Prag, Wien und Deutsch-Österreich gibt es Unruhen. Der Revo-
lutionswind aus Wien werde, weil er aus einem anderen deutsch-
sprachigen Lande komme, hierzulande stärker wehen als der russische, notiert Kessler. Noch halte die Front, aber alles spitze sich zu
einer großen inneren Krise zu. Wenn Józef Piłsudski, so resümiert
er nun im Bericht für die Reichsregierung, an die Spitze eines polnischen Heeres trete, dann werde der Pole auf jeden Fall den Befehlen seiner Regierung gehorchen, auch wenn diese Deutschland
einen Krieg erkläre. Allerdings wünsche sich Piłsudski keinen solchen Krieg und werde deshalb wahrscheinlich mäßigend auf seine
Regierung einwirken.

Spa

Welch dreiste Forderungen! »Nun ist es aber genug, ich denke gar nicht daran!« Empört spaziert Wilhelm II. mit dem preußischen Innenminister Bill Drews im weiten Garten der herrschaftlichen Villa La Fraineuse umher. Sie liegt mitten in einem Wald, in dem der Kaiser vorhin noch ein paar Bäume gefällt hat. Ein großer Teil der Menschen im Reich, so hat der Minister ihm eben auseinandergesetzt, wolle die Abdankung Seiner Majestät. Auch der Kronprinz solle auf den Thron verzichten. »Vater und Söhne denken gleich, entweder danken alle ab, oder keiner! Ersteres nur nach völligem Untergang«, setzt der Kaiser nach und droht: »Ich bin jetzt hier bei meiner Armee, wenn zu Hause der Bolschewismus kommt, stelle ich mich an die Spitze einiger Divisionen, rücke nach Berlin und hänge alle auf, die Verrat üben. Da wollen wir mal sehen, ob die Masse nicht doch zu Kaiser und Reich hält!« Wenn er zurücktrete, wäre das der Anfang vom Ende aller deutschen Monarchien. Das sei mit seinen Pflichten als Nachfolger Friedrichs des Großen unvereinbar.

Nach dem Spaziergang wird der Innenminister von einem General so wütend niedergebrüllt, dass er schließlich klein beigibt und meint, er schildere doch nur die Stimmung im Lande. Ansonsten sei er glücklich, wie massiv sich der Kaiser wehre. Gegen die neuesten Machtverschiebungen, die von den kaiserlichen Beratern genau beobachtet werden, ist Wilhelm II. jedoch machtlos: Das Osmanische Reich hat harten Friedensbedingungen zugestimmt, und der Verfall Österreich-Ungarns lässt sich nicht aufhalten. Mittlerweile befürchtet man sogar, dass sich Bayern vom Deutschen Reich lossagen könnte.

Hamburg

Albert Ballin sitzt am Abend daheim im Arbeitszimmer seiner Villa im Stadtteil Rotherbaum. Er greift nach Stift und Briefpapier, um einem befreundeten Großadmiral zu schreiben. Vor ihm auf dem Schreibtisch steht eine kolossale Büste des Kaisers, des einstigen Freundes. Ballin ist müde, gebrochen und verbittert. Nicht erst seit heute. Bereits vor zwei Jahren, als ein letztes offizielles Foto von ihm geschossen wurde, hat er sich nicht mehr zu einem Lächeln aufraffen können. Mit Beginn des Krieges ist die Freude aus seinem Gesicht gewichen. Er ist blasser geworden, die Fältchen haben sich vertieft. Er fühlt sich von tiefer Melancholie erfasst, aus der er sich nicht lösen kann. Mehrfach schon meinte er beiläufig: »Es ist nichts mehr los mit mir, was ich erleben musste, war auch genug, ›to kill anybody‹.« Für alle Fälle liegt in der Schublade seines Schreibtisches eine Packung mit malachitgrünen Tabletten.

Bereits vor Jahren ahnte Albert Ballin einen monströsen Krieg zwischen Großbritannien und dem Deutschen Reich voraus. Die größte Seemacht der Welt musste sich von der immer größer werdenden deutschen Schlachtflotte herausgefordert fühlen. Zwei Jahre vor dem Krieg wäre es ihm beinah gelungen, zwischen beiden Staaten einen weitreichenden Vertrag auszuhandeln. Berlin hätte darin eine Beschränkung seiner Rüstung zugesichert, London dafür seine Neutralität erklärt. Der Vertrag scheiterte an einem winzigen Detail: Das Reich wollte nicht von einer geplanten Verstärkung der Mannschaften abrücken, was Großbritannien strikt ablehnte. »Man kann eine solche Armee und Marine nicht großzüchten, ohne dass sie von Zeit zu Zeit einmal zeigen will, was sie zu leisten vermag«, räsoniert Ballin im Brief an jenen Großadmiral. »Es ist der von mir so oft gebrauchte Vergleich, dass man die Kessel nicht jahraus, jahrein heizen kann, ohne dass der Tag kommt, an dem die Sicherheitsventile reißen und die Maschine von selber losgeht. Den Krieg haben wir gemacht, und der Kaiser, der als Sitzredakteur verantwortlich zeichnet, wird nicht umhinkönnen, abzudanken. Das hätte er schon vor einigen Wochen tun müssen. Strömen die Leute von der Front zurück, dann geht hier alles in Scherben. Der Kaiser ist nicht schuld an dem Krieg, aber das, was der Kronprinz, Tirpitz, Ihr Bruder, Helfferich und die führenden Alldeutschen mit Ludendorff geleistet haben, sollte nicht ungerächt bleiben. Wir haben uns ja alle vor der schreienden Meute verkrochen.«

Albert Ballin hat die größte Reederei der Welt geschaffen. Er ist Generaldirektor der Hamburg-Amerikanischen Packetfahrt-Actien-Gesellschaft, kurz Hapag. Wo stünde seine Linienreederei, wenn dieser Krieg nicht erklärt worden wäre? So oft hat er darüber gegrübelt, wie lange sein Unternehmen noch existieren wird. Als man ihm im vergangenen Jahr zu seinem sechzigsten Geburtstag gratulieren wollte, teilte er mit: »Es erscheint mir so außerordentlich inopportun, dass man einem auf den Trümmern seines Lebenswerks sitzenden Mann durch Gratulation das Leben erschweren möchte.«

Von Anfang an war er gegen den Krieg und hatte deshalb selbst dann noch zwischen England und Deutschland zu verhandeln versucht, als die ersten Gefechte bereits begonnen hatten. Aber den Kaiser konnte er nicht vom Wahnsinn abhalten, »vom unsinnigsten aller Kriege«, wie Ballin es formulierte. Krieg und zivile Schifffahrt gehen nicht zusammen, davon war er überzeugt. Und wie wenig beides zusammenpasst, lässt sich beispielhaft an seinem Unternehmenssitz am Alsterdamm ablesen: Zu Friedenszeiten konnte jedes Kind den prachtvollen Firmensitz vom anderen Ufer der Binnenalster aus mit einem kurzen Blick erkennen. Auf dem Gebäude im Renaissancestil stand, ganz oben auf wilden bronzenen Rössern, ein sieben Meter hoher Neptun mit Dreizack, eine Skulptur des jungen Künstlers Ernst Barlach. Doch im Krieg wurde die Skulptur eingeschmolzen.

Mittlerweile rechnet Albert Ballin mit einem Umsturz. Seinen Mitarbeitern gegenüber hat er schon des Öfteren erklärt, wie sehr er sich vor einem Aufstand fürchte. »Wenn die Revolution kommt, wird man natürlich die Falschen hängen. Darüber bin ich mir ganz klar.« So oder so werde es keine große Freude mehr sein, in dieser neuen Welt zu leben. Seine Hapag werde bei einer Revolution zusammenbrechen. Solch eine Katastrophe wolle er nicht erleben.

Seit einiger Zeit klopfen die Herren vom Generalstab wieder an sein Büro. Sie hatten ihn als Flaumacher diffamiert, aber jetzt soll er retten, was sie verbrochen haben. Erst drängte man ihn, den Kaiser, von dem man ihn viele Jahre lang ferngehalten hatte, wieder aufzusuchen. Er sollte ihm bitte klarmachen, dass es mit seiner Herrschaft vorbei sei. Pikiert hatte Albert Ballin zunächst abgelehnt. Schließlich hat er sich doch aufgemacht und Wilhelm II. auf Schloss Wilhelmshöhe aufgesucht. Sie liefen durch den Bergpark, blickten die Wasserspiele hinauf zur Herkules-Statue, plauderten über dieses und jenes, passierten die mittelalterlich wirkende Löwenburg und wohl auch das versteckte Grab des kaiserlichen Dachshundes Erdmann unten am Schlossteich. Albert Ballin hatte den alten Freund von ein paar Dingen überzeugen wollen, von einer Verfassungsreform und einem umfassenden Zugeständnis an Amerika. Aber sie waren nie allein – nicht einen Moment lang. Nach dem Rundgang fühlte sich der Kaiser wie belebt, Ballin aber, den seine Gegner zuletzt als »abgewimmelten Wasserjuden« verspottet hatten, war völlig niedergeschlagen.

Jetzt soll Albert Ballin eine weitere heikle Mission übernehmen. Erst kürzlich stand deshalb der Großindustrielle Hugo Stinnes, der reichste Mann Europas, in seinem Büro. Sie blickten durchs Fenster auf die Alster. Segelboote schaukelten im Wind. Er komme im Namen des Generalkommandos, erklärte Stinnes. Man habe darüber gesprochen, welcher Deutsche am besten mit den Amerikanern über einen Frieden verhandeln könne. Alle seien sie sich einig, das Generalkommando, die Leute vom Zentrum und die Sozialdemokraten. Sie alle wollten, dass er, Ballin, die Gespräche führt. Er sei doch Jude und habe sich so vehement wie laut gegen einen U-Boot-Krieg ausgesprochen, der ja schließlich zum

Kriegseintritt Amerikas geführt hat. Keinen anderen Deutschen würden die Feinde deshalb als Gesprächspartner akzeptieren. Er kneife nicht, gab Albert Ballin am Ende nach, aber jedem anderen überlasse er diese Verhandlungen lieber.

Samstag, 2. November

Kiel

Der Werftarbeiter Karl Artelt läuft durch die Straßen zum Gewerkschaftshaus, wo er sich mit Matrosen und Werftarbeitern verabredet hat. Zunächst wollen sie einem Zauberkünstler zugucken, anschließend von der Bühne herab spontan den Ort für ein geheimes Treffen verkünden. Artelt ist ein kräftiger Mann, siebenundzwanzig Jahre alt, mit akkuratem Schnurrbart, jungenhaften Augen und einer markanten Stimme. Vor dem Krieg ist er als Matrose bis nach Ostasien gekommen, wo er von seinem Schiff aus begeistert die chinesische Revolution von Sun Yat-sen beobachtete. Als überzeugter Pazifist verehrt er August Bebel für den Satz: »Diesem System keinen Mann und keinen Groschen.«

Im vergangenen Jahr saß Karl Artelt erst im Gefängnis und dann in einer Nervenheilanstalt, weil er Werftarbeiter zu einem Protest angestachelt hatte. Seit seiner Freilassung muss er als Kolonnenführer in der Pumpenabteilung einer Werft arbeiten. Mittlerweile sammelt er wieder Verschwörer um sich. Doch es ist schwierig, andere vom Kampf gegen das System zu überzeugen. Auf der Kaiserlichen Werft etwa brüsten sich die Arbeiter, noch nie gestreikt zu haben.

Das Gewerkschaftshaus ist heute jedoch von Polizisten abgeriegelt worden. Kein Matrose, Heizer oder Werftarbeiter darf ins Innere. Jemand muss das geplante Treffen ausgeplaudert haben. Als sich Hunderte Menschen vor der Absperrung sammeln, machen sie sich gemeinsam auf die Suche nach einem anderen Ort und laufen schließlich hinüber zum Exerzierplatz Viehburger Gehölz. Gegen halb acht sind sie rund sechshundert Matrosen, Heizer, Werftarbeiter, Schaulustige, darunter auch ein Bonbonhändler namens Lothar Popp, der als Pazifist bekannt ist.

Von ferne schauen Polizisten zu, als Karl Artelt mitten auf dem Platz auf einen Kieshaufen steigt. Von oben herab fordert er: Schluss mit dem Militarismus, fort mit den Herrschern – notfalls mit Gewalt! Und er ruft für morgen zu einer neuen, größeren Versammlung auf. Während sich die Menge auflöst und die Seeleute zu ihren Schiffen zurückkehren, haben bereits Soldaten den Befehl erhalten, die Heizer und Matrosen festzunehmen. Von Weitem rufen sie diesen jedoch zu: »Wir tun niemand was, lauft weg, wir sollen euch fangen.« Zurück auf ihren Schiffen, erzählen die Seeleute ihren Kameraden, was sie an Land erlebt haben.

Unterdessen laufen Karl Artelt und Lothar Popp zum Parteibüro in der Preußerstraße. Sie kennen sich seit gut einem Jahr. Beide glauben nicht mehr an das Reich oder den Krieg. Für seine Überzeugungen hat auch der einunddreißigjährige Popp schon eingesessen. Während der landesweiten Streiks im Januar hatte man ihn auf dem Wilhelmsplatz zum Vorsitzenden eines Soldatenrates bestimmt. Weil Lothar Popp das Wort ergriffen hatte, wurde er mit zwei Monaten Gefängnis bestraft. Ein Parteifreund erhielt gleich zwei Jahre, nur weil er gesagt hatte, man müsse den Herren die Brocken vor die Füße werfen.

Im Parteibüro der Unabhängigen verfassen die beiden Verschwörer gemeinsam Flugblätter, um sie morgen früh an Soldaten und Arbeiter zu verteilen: »Kameraden, schießt nicht auf Eure Brüder! Arbeiter, demonstriert in Massen, lasst die Soldaten nicht im Stich!« Die beiden haben zwar ein paar Mitstreiter, aber keinen Plan für einen Aufstand, keine revolutionäre Partei hinter sich und keine bewaffneten roten Garden. Kiel ist nicht Sankt Petersburg oder Kronstadt. Dass sie bald wieder im Gefängnis landen könnten, bereitet ihnen keine schlaflose Nacht. Sie wollen die Unruhe, die unter den Matrosen herrscht, für einen Aufstand gegen das Kaisertum nutzen.

Berlin

Harry Graf Kessler macht sich über die Malocher lustig. »Sie legen um 1 die Arbeit nieder, wollen erst zu Muttern essen gehen und dann um 3 auf die Straße steigen. Eine gemütlich Art, den Kaiser abzusetzen; denn darum geht es.« Nur im Pazifismus sieht der Diplomat eine Rettung für das Land. Man müsse auf Kant, Leibniz und Goethe zurückgehen, die Deutschland als geistiges Gebilde und nicht als Territorialstaat verstanden.

Der Staatssekretär des Reichsmarineamts Ernst Karl August Klemens Ritter von Mann Edler von Tiechler berichtet am Nachmittag erstmals von der Meuterei in Wilhelmshaven. Doch es ist vorerst nur eine Besprechung der Staatssekretäre.

Rendsburg

Ungeduldig steht der Matrose Carl Richard Linke am Fenster seiner Gefängniszelle, um Neuigkeiten zu erfahren. Vorhin erst hat er gehört, dass das III. Geschwader vor zwei Tagen durch den Kaiser-Wilhelm-Kanal gefahren sein soll – und damit nahe vorbei an der Arrestanstalt, in der Linke einsitzt. Überhaupt ist heute einiges anders. Die Wachen sind verstärkt worden und die höheren Anstaltsbeamten nervöser als üblich. Jahrelang hatte Carl Richard Linke auf der *Helgoland* gedient, wo zeitweise auch der Matrose Richard Stumpf eingesetzt war. Sie kannten sich, tauschten Bücher aus und musizierten wohl auch miteinander: Stumpf spielt Zither, Linke Klarinette. Nach dem Protestmarsch im Sommer 1917 ist Linke zu zehn Jahren Zuchthaus verurteilt worden. Er hatte in einer Gaststätte seine Meinung über die Kriegsgründe auf dem

Balkan kundgetan. Dass er nicht einmal einer Partei angehörte, interessierte die Richter nicht weiter. Sie sprachen ihn der versuchten kriegsverräterischen Aufstandserregung für schuldig. In dem gleichen Massenprozess wurden Max Reichpietsch und Albin Köbis zum Tode verurteilt.

In den vergangenen Wochen hat sich Carl Richard Linke ausführlich mit dem Anstaltspfarrer über den Begriff der »Vaterlandsliebe« unterhalten. Er ist überzeugt, dass es etwas Derartiges nicht gebe. »Das Vaterland ist der Staat, und dieser ist eine Organisation oder Einrichtung, deren Aufgabe es ist, seinen Mitgliedern eine Existenzberechtigung zu sichern und dieses vor ungesetzmäßiger Behandlung und Übergriffen zu schützen«, argumentiert der Matrose. So wenig wie eine Aktiengesellschaft, eine Berufsgenossenschaft oder ein Verein sentimentale Eigenschaften besitze, könne auch ein Vaterland keine Liebe, Freude oder Dankbarkeit im aktiven Sinne besitzen. »Sentimentale Eigenschaften können nur vernunftfähige Wesen entwickeln, und mithin ist für den Staatsbürger im passiven Sinne der Begriff ›Vaterlandsliebe‹ ein sehr latenter.« Die Mitglieder einer Organisation können überhaupt nur dann Freude empfinden, falls die Organisation ihre Aufgabe erfülle. Und nur wer die Wohltaten des Staatswesens empfinde, fühle sich verpflichtet, die verfassungsrechtliche Ordnung zu erhalten. Allerdings gehe diese gegenseitige Aufgaben- und Pflichterfüllung mit dem abstrakten Begriff »Liebe« nicht konform. Einfältig sei es daher, von Staatsmitgliedern eine Freudigkeit zu erwarten, wenn der Staat seinen Verpflichtungen nicht nachkomme. Der Versuch jedenfalls, mit gewaltsamen Mitteln »Liebe« oktroyieren zu wollen, sei Dummheit und erzeuge nur Hass.

In diesem Moment hört Carl Richard Linke das Flaggensignal: Der Lockruf der Marineangehörigen ertönt von schräg gegenüber, vom anderen Ende des Gefängnisses. »Du, Willy! Da in Schlicktau ist etwas nicht in Ordnung, da ist etwas bei der Flotte los!«, hört er draußen jemanden rufen. Schlicktau, so wird Wilhelmshaven von den Matrosen genannt, weil der Meeresgrund dort so schlickig ist.

Dann vernimmt Linke, wie sein Freund Willy Sachse etwas erwidert, versteht aber nicht viel mehr als ein Brummen. Werden sie bald neue Gefangene begrüßen können? Oder geschieht draußen etwas viel Gewaltigeres?

München

Als es am Abend dämmert, strömen Hunderte Arbeiter in den Löwenbräukeller am Stiglmaierplatz. Den ganzen Tag über haben sie in den Rüstungsbetrieben am Stadtrand malocht. Nun setzen sie sich durstig an die langen Tische zu Händlern, Angestellten und Soldaten. Einige stellen sich auch unter die hohen Fenster, halten ein Bierglas in der Hand und plaudern Bayerisch, Sächsisch, Westfälisch oder Platt. Viele sind erst während der vergangenen Jahre aus dem Ruhrgebiet oder Sachsen geholt worden, um in München neue Kriegsfabriken aufzubauen. Laut und selbstbewusst wie lange nicht mehr prosten sie einander zu. Hier und dort sind Polizisten zu sehen, die sich aber zurückhalten, als wollten sie niemanden provozieren.

Kurz vor achtzehn Uhr postieren sich jugendliche Arbeiter der Krupp-Werke breitbeinig vor den Säulen und Ausgängen des Löwenbräukellers. Sie stehen zu dritt oder viert zusammen und beobachten ruhig die mehr als tausend Gäste. Gleich beginnt eine Veranstaltung eines liberalen Vereins. Aber vorne auf dem Podium will auch Kurt Eisner von den Unabhängigen auftreten. Er ist es, den sie notfalls beschützen wollen.

Zunächst steigt Ernst Müller-Meiningen auf die Bühne. Als Reichstagsabgeordneter der Fortschrittlichen Volkspartei beschwört er die Menge: Solange die äußerste Front aushalte, gelte auch in der Heimat eine verdammte Pflicht zum Aushalten. Dann holt er Luft, um einen Satz loszuwerden, den er bisher noch nie gesagt hat: »Wir müssten uns vor unseren Kindern und Kindeskindern schämen, wenn wir der Front in den Rücken fielen und ihr einen Dolchstoß versetzten.« Hunderte springen auf, schwingen die Fäuste und applaudieren, bis die Ohren dröhnen. Zufrieden nickend nimmt der Redner wahr, wie gewaltig seine Metapher vom Dolchstoß auf die Leute im Saal wirkt. Das Feldheer, so suggeriert dieses Bild, drohe genauso hinterrücks ermordet zu werden wie in der Nibelungensage der Drachentöter Siegfried. Der Politiker wird diese Metapher als seine Erfindung reklamieren. Ähnliche Sprachbilder kursieren bereits im Hauptquartier der Obersten Heeresleitung im belgischen Spa.

Nun betritt ein eher kleiner Mann mit schütterem Haar, Nickelbrille und buschigem Bart das Podium: Es ist der Journalist Kurt Eisner, der erst kürzlich aus einer monatelangen Haft in Stadelheim entlassen worden ist, wo er wegen Landesverrats eingesperrt gewesen war. Seinen Gegnern gilt er als Demagoge. Besonders machen sie sich über seinen zauseligen Bart lustig, der sie an den eines Propheten erinnert. Und dieser Mann könnte bald im Reichstag sitzen! Seine Partei hat ihn als Kandidaten für eine Nachwahl aufgestellt. »Es kommt nicht zur Reichstagswahl«, brüllt Kurt Eisner in den Saal hinein. »Vor dem 17. November kommt die Revolution.« Alles johlt und lacht ihn aus.

Doch Kurt Eisner lässt sich nicht mehr irritieren. Oft genug ging es im Leben des Fünfzigjährigen auf und ab. Wegen einer Parodie auf den Kaiser hatte er einst ins Gefängnis gemusst. Später führte er in seiner Heimatstadt Berlin den *Vorwärts*, die auflagenstarke Zeitung der Sozialdemokraten. Als die Partei ständig reinredete und im Blatt mehr über Marx lesen wollte, warf er alles hin. Er verließ die Zeitung, den preußischen Staat, den er als überdisziplinert empfand, sowie Frau und Kinder. Eine Zeit lang arbeitete er als Chefredakteur in Nürnberg, von wo aus er vor acht Jahren mit seiner Geliebten nach München zog. Hier freundete er sich rasch mit anderen Schriftstellern an, darunter Erich Mühsam, Heinrich Mann und Rainer Maria Rilke. Eisner schlägt sich mit Theaterkritiken durch und schreibt an seinem Drama *Die Götter-*

prüfung. Ostern 1917 war er so knapp bei Kasse, dass er sich von Freunden Geld leihen musste, um nach Gotha fahren zu können. Dort wurde er zum Mitbegründer der linken, pazifistischen Unabhängigen Sozialdemokratischen Partei Deutschlands.

Lange wusste Kurt Eisner nicht recht, was von Aufständen zu halten sei. Er überlegte hin und her, bis er langsam Klarheit gewann: Eine Gassenrevolution wäre allenfalls in Russland angemessen. Allerdings könnte auch hierzulande einmal ein brutaler Konflikt notwendig werden. Im Januar schien ihm die Zeit für einen Umsturz gekommen zu sein. Während in den deutschen Industriestädten mehr als eine Million Arbeiterinnen und Arbeiter demonstrierten, redete er in einer Schwabinger Kneipe auf Freunde ein. Man müsse sofort die Monarchie stürzen, das Militär abschaffen und eine Revolution wagen. Seine Worte wurden von einem Polizeispitzel protokolliert. Als er kurz darauf einen Streik der Munitionsarbeiter durch die Innenstadt anführte, um den Umsturz zu erzwingen, wurde er festgenommen und kam nach Stadelheim. Immerhin kennt er seither viele Verschwörer in den Großbetrieben.

Jetzt hofft Kurt Eisner erneut, dass sich in München doch noch eine Revolution anzetteln lässt. Den Sozialdemokraten hat er dieser Tage eine weitreichende Zusage abgerungen. Sie wollen am 7. November – in fünf Tagen – auf der Theresienwiese eine große Friedensdemonstration veranstalten. Auch Redner der Unabhängigen sollen dort auftreten dürfen. Kurt Eisner verlässt sich auf diese Zusage, obwohl er die Sozialdemokraten für eine opportunistische, machtversessene Camorra hält. Eine »lächerliche Karikatur des preußischen Kasernenstaates« hat er sie genannt und ihnen eine »öde, geistlose und verlogene Vereinsmeierei« vorgeworfen.

Dass man ihn an diesem Abend im Löwenbräukeller auslacht, erträgt Kurt Eisner gelassen. Er bleibt ruhig, während die Leute trinken und vergnügt sind. Doch die Stimmung ist gereizter als sonst. Niemand will sich mehr etwas sagen lassen. Als Müller-

Meiningen, dem die Menge eben laut applaudiert hat, auf die Polizeistunde hinweist, schreien einige lauthals: »Was geht uns die Polizei an!«, andere brüllen: »Uns hat kein Mensch mehr etwas zu sagen; das Volk regiert.« Keiner der Polizisten im Raum schreitet ein oder ruft Verstärkung. Sie bleiben verdruckst in ihren Ecken stehen. Und als ein Redner gar fordert, der Kaiser solle zurücktreten, rufen die Leute immer lauter: Rücktritt, Rücktritt!

Berlin

Ungefähr zu gleicher Zeit beugen sich Karl Liebknecht, Georg Ledebour und Wilhelm Pieck in einer Neuköllner Kneipe über einen Stadtplan. Ledebour und Pieck gehören zum inneren Kreis der Revolutionären Obleute. Liebknecht wurde hinzugerufen. Gemeinsam diskutieren sie, wie der Aufstand ablaufen müsste und welche Wege die Arbeiter der Großbetriebe am besten zum Stadtzentrum nehmen sollten. Unter ihnen ist auch ein Militär: Der Pionieroberleutnant Eduard Walz will mit seiner Kompanie beim Aufstand mitmachen und spekuliert darauf, dass sich ihm weitere Truppen anschließen werden. Auf dem Stadtplan zeigt er Liebknecht, an welchen Kasernen die Massen vorbeilaufen sollen, etwa an der Kaserne in der Kreuzberger Blücherstraße. Sollten sich auch die Regimenter im Norden Berlins, die Franzer und Maikäfer, mit den Demonstranten verbrüdern, könnte man das gesamte Stadtzentrum besetzen. Schon in zwei Tagen, am Montag, den 4. November, so beschließt die Gruppe, soll die Aktion stattfinden. Statt eines Aufstands will Liebknecht erst einmal einen Generalstreik durchführen, auf dem politische Forderungen gestellt werden. Wenn die Massen dann eingestimmt seien, breche die Revolution umso entschiedener aus.

Gegen Mitternacht streiten sich Obleute, Unabhängige und Spartakisten in einer Arbeiterbildungsschule am Nikolaiviertel: Soll man wirklich schon in zwei Tagen einen Generalstreik durchführen? Das sei viel zu früh, meinen vor allem die Obleute. Noch sei die Stimmung in den Fabriken nicht revolutionär genug. Sie bezweifeln, dass sich die Arbeiterinnen und Arbeiter einfach so mitreißen lassen. Kaum jemand in den Betrieben wolle einen Aufstand, und es gebe noch nicht ausreichend Waffen. Zudem werde die Polizei – wie bei den Demonstrationen im Januar – bestimmt schießen und massenhaft Menschen verhaften. Nachts um drei Uhr stimmen neunzehn Politiker für den 4. November, aber zweiundzwanzig sind für eine Verschiebung des Aufstandes um eine Woche auf Montag, den 11. November. Es ist eine Niederlage für Karl Liebknecht und Georg Ledebour. Nicht einmal ein Generalstreik soll nach dem Willen der Mehrheit stattfinden, sondern vorerst nur alles ruhig weiter organisiert werden.

Sonntag, 3. November

Kiel

Die Sonne strahlt, und frischer, salziger Seewind weht von der Förde in die Stadt hinein. Am Vormittag schickt Gouverneur Wilhelm Souchon ein Telegramm ans Reichsmarineamt in Berlin. Er hat von einer geplanten Versammlung der Matrosen erfahren und berichtet von »äußerst gefährlichen Zuständen«. Wenn irgend möglich, solle ein hervorragender sozialdemokratischer Abgeordneter nach Kiel geschickt werden, um »im Sinne der Vermeidung von Revolution und Revolte zu sprechen«. Souchon ist erst vor einer Woche zum Gouverneur von Kiel ernannt worden. Zuvor hat er das IV. Geschwader kommandiert. Um die Versammlung der Seeleute zu verhindern, will er am Nachmittag einen Stadtalarm auslösen lassen. Es wird zwar erörtert, Waffen und Munition auszugeben, aber wer weiß schon, ob die Soldaten nicht samt Waffen zu den Matrosen überlaufen? Vorsichtshalber werden weitere siebenundfünfzig Männer der *Markgraf* festgenommen.

Während der Bonbonhändler Lothar Popp in den Betrieben seine Flugblätter verteilt, fordert der Werftarbeiter Karl Artelt die Kieler Sozialdemokraten auf, sich ihrem Protest anzuschließen. Doch man entgegnet ihm, er habe wohl noch immer nicht genug vom Sommer 1917, als der Matrosenaufstand um Albin Köbis und Max Reichpietsch niedergeschlagen wurde.

Gegen fünfzehn Uhr dreißig marschiert ein Spielmannszug durch Kiel. Trommeln, Hörner und Trompeten schrillen durch die Straßen: Alle Soldaten und Seeleute haben sofort auf ihre Schiffe und in die Kasernen zurückzukehren. Unzählige von ihnen tun jedoch so, als hörten sie den Alarm nicht. In der Dämmerung stehen sechstausend Matrosen, Heizer und Werftarbeiter auf dem Exerzierplatz. Von einem Schotterhaufen herab ruft ein Gewerkschaftler, man solle bloß keine überstürzten Aktionen anzetteln und besser noch drei, vier Tage abwarten. »Aufhören!«, brüllen Zuhörer. Man brauche Waffen, meint als Nächstes ein Matrose, um Schüsse in die Luft abgeben zu können, aber niemals dürfe auf Väter, Mütter, Brüder oder Schwestern geschossen werden. Ein anderer fordert, man müsse den Offizieren sehr wohl einen Gewehrkolben auf den Schädel schlagen dürfen. Dann steht Karl Artelt auf dem Schotterhaufen und spricht so laut, dass jeder auf dem Platz seine Worte versteht: »Wir müssen unsere verhafteten Kameraden befreien!« Sechstausend Menschen schließen sich ihm an und marschieren in breiten Reihen hinter ihm her durch die Stadt. »Weg mit dem Kaiser«, rufen sie und singen »Marsch, marsch, marsch, marsch und sei's durch Qual und Not, für Freiheit, Recht und Brot.«

Aus den Fenstern beobachten erschrockene Einwohner, wie die Menge eine Kaserne stürmt. »Kameraden, das ist erst der Anfang!«, ruft Karl Artelt von einem umgekippten Schilderhäuschen herab. »In Kiel sitzen hunderte und in Wilhelmshaven auch, und im Zuchthaus Rendsburg und in der Festung Köln, jetzt marschieren wir, raus die Gefangenen!« Bürger schwenken Tücher und klatschen, als Offiziere entwaffnet werden. Manch ein Kieler ruft aber auch, sie sollten besser in die Schützengräben steigen und gegen den Feind kämpfen. Unaufhaltsam wälzt sich der Zug in der Dämmerung durch die Altstadt, vorbei an der St. Jürgenskirche, wo sich ein junger Mann namens Ernst Busch mitreißen lässt, durch die Holstenstraße, über den Marktplatz, zum Schloss und zur Universität. Gaslaternen werfen ihr Licht auf das Pflaster, als es die Feldstraße hinuntergeht, zur Arrestanstalt ist es nicht mehr weit. Aber am Café Kaiser stehen plötzlich bewaffnete Soldaten hinter einer Barrikade. »Zurückbleiben, ich lasse schießen«, brüllt ein Leutnant, hebt seinen Degen empor und schnauzt noch einmal: »Zurückbleiben, ich lasse schießen.« Die Menge drängt weiter, bis eine Gewehrsalve durch die Luft donnert und an den Häuserwänden widerhallt. Die Menschen ducken sich und springen in Hauseingänge. Doch es waren nur Platzpatronen. Als sie weiter voranschreiten, legen die Soldaten erneut an. Eine Genossin redet auf den Leutnant ein, doch um Himmels willen nicht auf die friedlichen Menschen zu schießen. Der aber lässt feuern – dieses Mal mit scharfer Munition direkt in die Menge. Schreiend stürzen Menschen zu Boden, Blut rinnt übers Pflaster – während ein Matrose den Leutnant mit einem Gewehrkolben niederstreckt, prescht von hinten ein Feuerwehrwagen durch die Menge. Seeleute und Arbeiterinnen schleppen die Verletzten ins Café Kaiser. Neunundzwanzig Menschen sind angeschossen worden, sieben liegen tot auf der Straße, zwei weitere sterben in diesen Momenten. Während draußen Kinder die Patronenhülsen aufsammeln, geben sich drinnen Karl Artelt, Lothar Popp und viele andere die Hände und schwören: Jetzt erst recht! Rache!

Als es am Abend in den Straßen wieder still ist und Militärstreifen durch die Stadt patrouillieren, unterrichtet Gouverneur Wilhelm Souchon seine Vorgesetzten in Berlin und Spa: Die Kontrolle sei wiederhergestellt, Truppen seien also nicht mehr notwendig. Es sieht so aus, als hätte Souchon gewonnen. In Kiel herrscht Ruhe, und alle Gefangenen sitzen nach wie vor in der Arrestanstalt. Vor dem Café Kaiser sind die Blutlachen getrocknet. Nur hier und dort liegen Glasscherben vor zerstörten Schaufenstern. Die Seeleute sind wieder auf ihre Schiffe zurückgekehrt, wo sie atemlos von den erschossenen Menschen berichten. Jetzt wollen auch sie sich Waffen beschaffen.

Berlin

In den Zeitungen steht bislang nichts von der Meuterei der Matrosen vor Wilhelmshaven. Die Zensur unterdrückt alle Berichte der Korrespondenten. Nur Offizielles darf gedruckt werden. Aber von der Förde treffen erste Matrosen am Bahnhof Friedrichstraße ein. Einige haben Urlaub, andere sind abkommandiert worden. Ein Matrose betritt ein Gebäude in der Köpenicker Straße, wo Verschwörer um Karl Liebknecht beisammensitzen. Der Matrose berichtet von der Meuterei an der Wasserkante und will wissen, was die Mannschaften denn nun tun sollen. Liebknecht und die anderen sind überfragt. Sie sollten halt rote Fahnen hissen und sofortigen Waffenstillstand fordern.

Pionieroberleutnant Eduard Walz ist von einem Feldwebel verraten worden. Seine Verhaftung ist eine Katastrophe für die Revolutionären Obleute. Denn Walz wollte mit seinen Truppen einen der Demonstrationszüge anführen und andere Truppen mitreißen. Wird er plaudern und den geheimen Aufstandsplan an die Polizei verraten?

Am Nachmittag flanieren Unter den Linden so viele Spaziergänger umher wie jeden Sonntag. Umzüge waren vorhergesagt worden, doch nichts ist zu sehen. Harry Graf Kessler ist ernüchtert, aber er erfährt immerhin, dass die Revolution morgen mit großen Demonstrationen vor dem Reichstag beginnen soll. In Spandau brenne bereits eine Munitionsfabrik, heißt es. Das ist allerdings nur ein Gerücht. Allerorten, so spürt er, erwarten die Menschen etwas Ungewöhnliches. Der einzige Trost sei, dass in der Katastrophe etwas zugrunde gehe, was sich seit dreißig Jahren allem

Neuen und Keimenden entgegenstemme. Neues, junges Leben, das schon vor dem Kriege kräftig gewachsen sei, sprieße langsam hervor.

Spa

Auf eine Revolution, poltert Wilhelm II., werde mit Maschinengewehren geantwortet. »Und wenn ich mir mein Schloss zerschieße, aber Ordnung soll sein.« Wegen ein paar Hundert Juden und tausend Arbeitern, schreibt er in einem Brief, verlasse er seinen Thron jedenfalls nicht.

Kiel

Im Morgengrauen flackern auf den Schiffen die Lichter auf. Die Bootsmaaten pfeifen das Wecksignal und laufen singend durch die Räume: »Reise, reise, hoch das Bein, ein jeder stößt den anderen an, ein jeder sagts dem Nebenmann, alle Mann zurrt Hängematten.« An Land grüßen sich die Matrosen der *Markgraf* und der *Großer Kurfürst*: »Willkommen, Kameraden Bolschewiki!« Gemeinsam brechen sie Waffenkammern auf. Einige Dutzend von ihnen marschieren in eine Kaserne, stehlen Waffen und überzeugen weitere Soldaten, sich ihnen anzuschließen. Bald zählen sie mehr als 30 000 Aufständische, darunter nun auch Soldaten der Landmarine. Selbst die Männer einer U-Boot-Division sperren ihre Offiziere ein. Während in der Germaniawerft gestreikt wird, müssen die Arbeiter der Torpedowerkstatt zum Appell antreten. Karl Artelt stellt sich mit seinen Werftkollegen in Reih und Glied auf. Vor ihnen steigt Kapitän zur See Bartels auf einen Tisch. Kein Soldat habe sich mit Politik zu befassen, sagt er von oben herab. »Soldat soll gehorchen, Soldat muss gehorchen, und Soldat gehorcht.« Doch jetzt springt Artelt auf den Tisch und fordert alle auf, Soldatenräte zu wählen. Als Offiziere nach ihren Waffen greifen, um ihn vom Tisch zu schießen, werden sie von den Werftarbeitern verprügelt. Die Aufständischen erbeuten weitere Gewehre und Munition und bestimmen Karl Artelt zum obersten Matrosenrat. Im Speisesaal der Division findet die erste Sitzung statt. Artelt notiert einige der vielen Forderungen: sofortige Beendigung des Krieges, Abdankung der Hohenzollern, Wahlrecht für Männer und Frauen, Freilassung der Matrosen des III. Geschwaders, überhaupt aller Seeleute, die seit dem Massenprotest im Sommer 1917 einsitzen. Unter keinen Umständen dürfe die Flotte aufs Meer fahren.

Berlin

Um halb zehn tagt das Kriegskabinett. Seit vier Wochen wird es von Kanzler Prinz Max von Baden angeführt, der sich heute entschuldigen lässt. Erstmals sind auch die Sozialdemokraten an einer Regierung beteiligt. Staatssekretär Philipp Scheidemann wollte zunächst nicht in dieses, wie er sagte, »bankrotte Unternehmen« einsteigen. Er fürchtete, die Oberste Heeresleitung werde den Sozialdemokraten die Kriegsniederlage anlasten. Aber er konnte sich nicht gegen seinen Parteivorsitzenden Friedrich Ebert durchsetzen. Genau vierzig Jahre nachdem Bismarck das brutale Sozialistengesetz erlassen hatte, erhielt Scheidemann vom Kaiser seine Ernennungsurkunde als Mitglied der Regierung. Während der Sitzung wird Scheidemann vom Staatssekretär des Reichsmarineamtes ein Zettel zugeschoben, der ihn von der Meuterei in Kiel unterrichtet. Bisher wollte Scheidemann die Abdankung des Kaisers nicht zur Kabinettsfrage machen. Jetzt aber sei ein Funke ins Pulverfass geflogen, denkt er. Wenn der Kaiser endlich abdanken würde, könnte man ihn durch einen anderen ersetzen. Damit wäre die Monarchie gerettet und eine Revolution verhindert.

Sein Kabinettskollege Matthias Erzberger vom Zentrum fragt in die Runde, ob sich der Aufstand militärisch unterdrücken lasse. Der preußische Kriegsminister Heinrich Schëuch will sich diesbezüglich gleich bei der Kommandantur in Altona erkundigen. Dort wird angeordnet, so schnell wie möglich Soldaten in Sonderzügen nach Kiel zu schaffen.

Zudem beschließt das Kabinett, dass Staatssekretär Conrad Haußmann von der Demokratischen Volkspartei und der Sozialdemokrat Gustav Noske sofort nach Kiel reisen sollen. Als Marineexperte ist Noske vielen Matrosen bekannt. In seiner Partei gilt er als genialer Taktiker und Mann fürs Grobe. Anschließend wird über den Einmarsch deutscher Truppen in Tirol beraten.

Kiel

Am Mittag soll Karl Artelt zum Gouverneur kommen. Wenn er nicht in zwei Stunden zurück sei, erklärt er seinen Gefolgsleuten, sollten sie losschlagen. Artelt lässt ein Auto mit einer riesigen roten Fahne schmücken und fährt quer durch die Stadt. Am Stationsgebäude des Gouverneurs zücken Wachoffiziere ihre Waffen. Er werde erwartet, erklärt Artelt kühl und marschiert an ihnen vorbei. Schon auf der Treppe kommt ihm Wilhelm Souchon mit ausgestreckter Hand entgegen, bedankt sich für die Courage und erkennt Artelt und seine Begleiter als legitime Soldatenräte an. – Nur zu deutlich stehen ihm die Vorgänge der Meuterei der russischen Ostseeflotte im Februar 1917 vor Augen. Im Flottenstützpunkt Kronstadt stürmten Matrosen die Residenz des Kommandanten, schleiften ihn auf einen zentralen Platz und verprügelten ihn so unerbittlich, bis sein Herz nicht mehr schlug.

Heiser und verdreckt setzt sich Karl Artelt an einen runden Tisch dem Gouverneur gegenüber. Die Männer schauen sich direkt in die Augen. Souchon hat einen festen, klaren Blick, geschwungene Augenbrauen, einen dicken Schnauzer und ein hervorstehendes Kinn. Sollten Landtruppen gegen die Matrosen eingesetzt werden, warnt Artelt, werde man das Offiziersvillenviertel Düsternbrook in Schutt und Asche legen. Ob dabei auch Kinder und Frauen stürben, läge in der Hand des Gouverneurs. Souchon zieht die Augenbrauen hoch und lässt so rasch wie unauffällig alle auf Kiel anrückenden Landtruppen zurückziehen. Er gibt auch anderen Forderungen nach: Die gefangenen Seeleute sollen freigelassen, die Grußpflicht nach Dienstschluss abgeschafft und gleiche Kost für Mann und Offizier durchgesetzt werden.

Während der Verhandlungen erhalten die Schiffe des III. Geschwaders den Befehl, den Kieler Hafen zu verlassen. Weil sich die Mannschaften verweigern und noch rund tausend Mann an Bord fehlen, müssen Fähnriche, Maate und Deckoffiziere die Leinen losmachen. Die Schiffe *Bayern*, *Großer Kurfürst*, *Kronprinz* und *Markgraf* steuern Travemünde an, um dort in der Lübecker Bucht zu ankern. Auf diese Weise sind massenhaft aufsässige Seeleute aus der Stadt geschafft worden. Nur die *König* mit ihren tausend Matrosen liegt zur Reparatur im Dock.

In der Abenddämmerung sammeln sich zehntausend Menschen vor dem Arrestgebäude in der Feldstraße. Karl Artelt überreicht dem Direktor eine Liste mit den Namen aller Inhaftierten, lässt die Zellen der politischen Gefangenen aufschließen und erklärt jedem, dass er frei ist. Als sie gemeinsam durch das Tor in die Freiheit marschieren, spielt eine Marinekapelle »Völker, hört die Signale! Auf zum letzten Gefecht!«. Wo die Männer das Stück nur geübt haben, wundert sich Artelt. Danach fährt er zum Bahnhof, um Gustav Noske zu empfangen. Als der Politiker aus dem Zug steigt, jubeln Hunderte Matrosen. Sie erkennen ihn an seinem Schnauzer, der Nickelbrille und den buschigen Augenbrauen. Karl Artelt drückt Noske fest die Hand und warnt ihn davor, die Bewegung spalten zu wollen. Der murmelt etwas von »weiterentwickeln« und steigt ins Auto. Fünf Mann klettern dazu, einer schwingt eine rote Fahne und schreit: Es lebe die Freiheit. Noske sieht belebte Straßen, in denen Matrosen mit ihren Mädchen flanieren, und lachende Menschen. Das alles wirkt auf ihn nicht gerade wie der Auftakt einer Revolution. Manches findet er gar komisch, etwa als ein Schuss fällt und die fröhliche Menge aufgeschreckt auseinanderstiebt.

Überall soll Gustav Noske kurz vorbeischauen, auf dem Wilhelmsplatz, im Gewerkschaftshaus und im Stationsgebäude. Dort erwarten ihn der militärische Stab, einige Inspekteure, sein Kollege Conrad Haußmann und etliche Matrosen. »Die Regierung hat mich beauftragt, Straffreiheit für sämtliche Rädelsführer und an der Bewegung beteiligte Soldaten und Arbeiter zuzusagen«, erklärt Noske, »wenn die Bewegung in Kiel sofort abgebrochen wird.« Karl Artelt schüttelt empört den Kopf, und Lothar Popp stellt klar, man mache das ganze Theater nicht aus Spaß, sondern um das System loszuwerden. Was die Regierung heute anbiete, könne man auch in vierzehn Tagen annehmen, auch wenn die Regierung dann nicht mehr existiere. Man diskutiert bis Mitternacht. Während Popp schweigend zuhört, wird er regelmäßig darüber informiert, welche weiteren Gebäude von Matrosen besetzt sind und welche Einheiten sich ihnen noch angeschlossen haben. Als sogar das Stationsgebäude, in dem sie verhandeln, in ihrer Hand ist, konstatiert Lothar Popp knapp: »Also meine Herren, Sie irren sich, das ist nicht eine Matrosenrevolte. Das, was Sie jetzt erleben, ist der Beginn der deutschen Revolution. Dass wir hier mit Ihnen verhandeln, hat gar keinen Zweck mehr.«

Berlin

Der Musikpädagoge Leo Kestenberg schaut kurz bei Harry Graf Kessler vorbei. Erstaunlich, wie radikal der seine Meinung geändert hat, beobachtet Kessler. Auf einmal soll Karl Liebknecht der kommende Mann sein. Der habe das Format, meint der Gast. Zwar sei Liebknecht noch ganz Bolschewist, rede von Diktatur des Proletariats, von gewaltsamer Umwälzung und so weiter, aber gemeinsam mit Freunden versuche er, Kestenberg, ihn vom Bolschewismus abzubringen. In wenigen Tagen wird der Pädagoge von der Revolution profitieren und Referent für musikalische Angelegenheiten im Preußischen Ministerium für Wissenschaft, Kunst und Volksbildung werden. Auch der Kunsthändler Paul Cassirer ist bei diesem Treffen dabei und versichert, ohnehin seit Langem überzeugter Kommunist zu sein. »Da er mehrere Millionen im Jahr verdient hat, immerhin generös«, merkt Harry Graf Kessler an.

★

Nachdem Karl Liebknecht heute von der Kieler Meuterei erfahren hat, ruft er die Revolutionären Obleute zu einem Treffen. Gemeinsam mit seinem Mitstreiter Wilhelm Pieck will er spätestens am Freitag, den 8., oder Samstag, den 9. November, einen Generalstreik wagen, der wenig später in einen Aufstand münden soll. Obwohl sie vehement darauf drängen, können sie sich wieder nicht durchsetzen. Wenn schon, dann werde man gleich aufs Ganze gehen und nicht erst einen Generalstreik veranstalten, entgegnet man ihnen. Solche Revolutionsgymnastik sei nicht notwendig. Vor allem aber werde an den beiden vorgeschlagenen Tagen in den Betrieben der Lohn gezahlt, weshalb niemand sie freiwillig verlasse. Immerhin will man schon mal Genossen in die Provinz schicken, um den Aufstand beizeiten möglichst flächendeckend entflammen zu können.

München

In der Morgenzeitung liest Kurt Eisner von einer bayerischen Verfassungsreform. Sie wird das alte Machtgefüge, das seit Jahrhunderten im Königreich der Wittelsbacher besteht, tief greifend verändern – und soll schon in vier Tagen verabschiedet werden. Die Regierung wird nicht mehr vom König, sondern vom Landtag gewählt. Damit wäre Bayern eine parlamentarische Monarchie. Nach dieser Revolution von oben würde der König nur noch zum Händeschütteln da sein, die Wittelsbacher wären fortan lediglich

Maskottchen. Kurt Eisner muss handeln. Denn mit dieser Reform wären die Forderungen vieler Menschen nach mehr Demokratie erfüllt. Für eine Revolution ließen sie sich dann nicht mehr gewinnen.

Noch kann Eisner ausnutzen, dass die Münchner für ihre Königsfamilie nicht viel mehr als Verachtung übrighaben. Ludwig III. dürfe ruhig ein Schlemmer sein, heißt es in den Straßen, ein Schürzenjäger, ein Schuldenmacher gar, wäre er nicht als geizig und habgierig verschrien. Nicht nur, dass er seinen Neffen entthront hat – er hat sich auch auf die Seite der Preußen gestellt, unter deren Kommando so viele bayerische Männer gestorben sind. So tief sitzt der Hass auf den Kaiser und seine Militärführung, dass die Tramschaffnerinnen nicht mehr die Hindenburgstraße, sondern wieder die Landshuter Allee ausrufen. Regelmäßig haben sich Fahrgäste in den Straßenbahnen über Paul von Hindenburg ausgelassen, ihn einen Bluthund, Massenmörder und Schlachthausdirektor geschimpft.

Nie hat sich Ludwig III. für ein Ende des Krieges eingesetzt. Seinen Traum von neuen Territorien will er nicht aufgeben. Als König eines Groß-Bayerns hätte er den Preußen etwas entgegenzusetzen. Dafür hat er seine ganze Familie in das Völkergemetzel eingebunden. Sein Bruder befiehlt Truppen an der Ostfront, und unter der Führung des Sohnes, Kronprinz Rupprecht, sind schon mehr als 130 000 Bayern an der Westfront gefallen. Dabei werden sie jetzt hier gebraucht, um das Königreich im Süden zu verteidigen. Seit sich Österreich-Ungarn den Feinden ergeben hat, kämpfen bayerische Truppen an der Südgrenze allein gegen alliierte Einheiten und müssen zurückweichen. Dreißig italienische und fünf englisch-französische Divisionen streben durch das Inntal nach Norden. Nicht nur die Dörfer in Oberbayern sind gefährdet, auch München ist bedroht.

★

Als Rainer Maria Rilke am Abend durch die Straßen spaziert, begeistern ihn all die Treffen, Kundgebungen und Versammlungen in den Wirtshäusern. Und schaut man durch ein Fenster, sieht man Leute beim Bier sitzen und im Schein der Kerzen ihre Zeitung lesen. Beschwingt flaniert Rilke durch die Straßen. So feierlich ist die Stimmung überall, ganz anders als in den vergangenen vier Jahren. Die einst so lebendige Metropole wirkte wie ausgestorben. So viele junge Männer fehlen. Zehntausende Münchner hatten sich freiwillig zur Front gemeldet und sind umgekommen.

Schon kurz nach Kriegsbeginn begann sich die Stadt zu verändern: Die Kirchenglocken verkündeten bald keine Siege mehr, der Fahnenschmuck verschwand, und von der Front trafen Züge mit Verwundeten am Hauptbahnhof ein. Aus Schulen wurden Lazarette, die Menschen magerten ab. Mitterweile haben Bäcker und Fleischer ihre Schaufenster vergittert. Dürre, fieberkranke Gestalten schleichen durch die Kaufingerstraße und betteln am Viktualienmarkt, wo die Händler nicht viel mehr als Zwiebeln und Grünzeug anbieten. Als der ausgehungerte Gaul eines Fuhrwerks auf dem Markt zusammenbrach, zückten die Umstehenden sofort ihre Messer, drängten einander zur Seite und schnitten den dampfenden Kadaver in Stücke. Jeden Tag werden die Listen mit den Namen der Toten und Vermissten, die in der Ludwigstraße aushängen, länger und hoffnungsloser. Frauen arbeiten nun an den Werkbänken, drehen Granaten oder kontrollieren in den Bahnen die Fahrscheine. Und aus Bohemiens sind Schieber geworden, die in den dunklen, verqualmten Bars am Stachus heimlich Kaffee, Pelze und Diamanten verhökern.

Rainer Maria Rilke betritt das prächtige Hotel Wagner, das zwischen Hauptbahnhof und Theresienwiese liegt. Im großen Saal wird gleich vor Tausenden Menschen ein Professor aus Heidelberg sprechen: der Nationalökonom Max Weber. »Deutschlands politische Neuordnung«, so lautet der vielversprechende Titel seines Vortrags. Von einer Revolution will der Gelehrte jedoch nichts wissen. Er warnt vor ihr. »Wie steht es mit dem Zusammenhang zwischen Friede und Revolution?«, fragt er in den Saal hinein, während ein Reporter der *Neuesten Münchner Nachrichten* jedes Wort notiert: »Die bürgerliche Gesellschaft hat ein zähes Leben. Es ist nicht daran zu denken, dass sie nun in einen Zukunftsstaat auf sozialistischer Grundlage überführt werden kann. Was würde das Ergebnis einer Revolution sein: der Feind im Lande und später dann eine Reaktion, wie wir sie noch nie erlebt haben. Und dann wird das Proletariat die Kosten zu zahlen haben. Der Bolschewismus ist eine Militärdiktatur wie jede andere und wird auch zusammenbrechen wie jede andere. So weit wie der russische Bolschewismus würde es übrigens ein deutscher nicht bringen.« Eine rege, heftige Diskussion beginnt.

Max Weber wird schon bald über das, was sich in diesen Tagen in Kiel ereignet und das Land ergreift, furchtbar schimpfen. Er wird den Aufstand als »tollen Mummenschanz« geißeln, als »ekelhaften mesquinen Karneval« und »eine Art von Narkotikum«, um den Verlust der Ehre zu betäuben. Der Gelehrte wird die Kapitulation des Deutschen Reiches den Revolutionären anlasten, wenngleich er zugesteht, dass Wilhelm II. und dessen gefügige Regierungen die Deutschen zu einem »Pariavolk der Erde« gemacht hätten.

Rainer Maria Rilke hält Weber für einen guten Redner und einen der klügsten Köpfe des Landes, aber seine Meinung teilt er kaum. In Rilkes Haus in der Ainmillerstraße 34 in Schwabing gehen die Münchner Revolutionäre ein und aus. Unter ihnen auch sein Freund, der Schriftsteller Erich Mühsam, der jetzt als nächster Redner im Hotel Wagner auftritt. Rilke empfindet ihn jedoch als »anarchistisch überanstrengt«. Danach sprechen noch ein paar Studenten. Aber es wird nicht ihre Revolution werden. – In vier Tagen wird Mühsam in der Universität die Studenten auffordern, eine Ordnungsgarde gegen drohende Unruhen zu formieren. Doch die entgegnen dem Dichter: »Die Geister, die ich rief, werde ich nun nicht wieder los.«

Am Ende der Veranstaltung im Hotel Wagner berichten Soldaten von der Front. »Alle so einfach und offen und volkstümlich«, notiert Rainer Maria Rilke in einem Brief an seine Frau und schwärmt: »Und obwohl man um die Biertische und zwischen den Tischen so saß, dass die Kellnerinnen nur wie Holzwürmer durch die dicke Menschenstruktur sich durchfraßen – war's gar nicht beklemmend, nicht einmal für den Atem; der Dunst aus Bier und Rauch und Volk ging einem nicht unbequem ein, man gewahrte ihn kaum, so wichtig war's und so über alles gegenwärtig klar, dass die Dinge gesagt werden konnten, die endlich an der Reihe sind, und dass die einfachsten und gültigsten von diesen Dingen, soweit sie einigermaßen aufnehmlich gegeben waren, von der ungeheuren Menge mit einem schweren massiven Beifall begriffen wurden.«

Plötzlich sei ein junger blasser Arbeiter aufs Podium gestiegen und habe sich nach allen Seiten umgewandt. »Haben Sie oder Sie oder Sie, habt ihr«, fragt der Mann, »das Waffenstillstandsangebot gemacht? Und doch müssten wir es tun, nicht diese Herren da oben; bemächtigen wir uns einer Funkstation und sprechen wir, die gewöhnlichen Leute zu den gewöhnlichen Leuten drüben, gleich wird Friede sein.« So gut könne er das lange nicht wiederholen, gibt Rilke zu. Derweil habe sich der Mann leicht verzweifelt den Professoren neben dem Podium zugewendet, Max Weber, dem Historiker Ludwig Quidde und anderen. »Hier, die Herren Professoren können Französisch, die werden uns helfen, dass wir's richtig sagen, wie wir's meinen.« Rilke findet den Mann ganz rührend. Solche Momente seien wunderbar, wie sehr er sie doch vermisst habe!

Wenige Schritte entfernt von Rainer Maria Rilke lebt der Lyriker Stefan George. Von seiner Wohnung aus müsste Rilke nur einmal um die Ecke in die Römerstraße abbiegen. Seit Monaten denkt auch George über Revolution nach. Im Sommer hat er notiert, er könne sich nicht vorstellen, »dass die Soldaten, die ihre Haut zu

Markte getragen haben, zurückkommen, um die Knechte derer zu sein, die inzwischen Zeit hatten, Geld zu machen«. Ohne einen Umsturz würden die Menschen auf Dauer versklavt. Fast wollte er schon den Bolschewismus loben. In Russland herrsche wenigstens Anarchie. Durch Revolution würden notwendige Änderungen nun einmal schneller erreicht. »Ein Volk, das zu politischer Reife kommen will«, hielt er fest, »muss erst einmal seinen König köpfen.« Allerdings hätten die Deutschen bisher noch jeden Umsturz verpasst. Und so hält er sich – anders als Rilke – in diesen Tagen zurück. Er ist eben mehr Dichter als Politiker und schart im auserwählten Kreis seine Anhänger um sich. Für irgendwelche Taten hält er die Stunde ohnehin nicht gekommen.

Dienstag, 5. November

Kiel

Rote Fahnen leuchten in der Morgensonne. Sie wehen am Rathaus, am Schloss und auf den Kriegsschiffen. »Was sich gestern in Kiel ereignet hat, wird in den nächsten Tagen weitere Kreise ziehen und den Anstoße zu einer Bewegung geben, die durch ganz Deutschland gehen wird«, prophezeit Bernhard Rausch, Chefredakteur der *Schleswig-Holsteinischen Volkszeitung*, in der heutigen Ausgabe. »Was die Arbeiter und Soldaten wollen, ist nicht das Chaos, sondern die neue Ordnung, ist nicht die Anarchie, sondern die soziale Republik. Lasst Euch darum nicht zu Unbesonnenheiten fortreißen!« Und er warnt vor Gerüchten. Doch die kursieren bereits. Denn viele Seeleute fürchten die Rache der Offiziere. Bald heißt es, die Wandsbeker Husaren seien im Anmarsch, eine berittene preußische Elitetruppe, in der viele Söhne aus adligen und großbürgerlichen Familien dienen. Jederzeit könnte sie angreifen. Matrosentrupps durchsuchen deshalb Häuser und inspizieren Dächer. Schließlich könnten dort Offiziere mit Gewehren postiert sein. Aus einer Sparkasse soll schon geschossen worden sein. Als die Matrosen in der Filiale ein altes Gewehr finden, verhaften sie den Hauswart und drohen ihm während eines Verhörs mit Erschießung – bis sich herausstellt, dass das Gewehr länger nicht benutzt wurde. Auf einem Dampfer nehmen zwei Matrosen einen Infanterieoffizier fest, weil sie ihm nicht abnehmen, dass er zu seinen Eltern fahren will. Er wird über den Altmarkt gestoßen, wo Passanten johlen: »Öh, dor hebbt se all wedder enen!« Einige bespucken ihn, zerren an seiner Kleidung und drohen ihm mit den Fäusten. Im Gewerkschaftshaus wird er zwei Soldatenräten präsentiert. Doch die lassen den Offizier wieder gehen, weil sie nicht an irgendwelche Putschpläne glauben.

Der Künstler Friedrich Peter Drömmer, der in diesen Tagen von der Front in seine Heimatstadt zurückkehrt, verewigt die Stimmung in Kiel in einem expressionistischen Gemälde: Am rechten Bildrand lauern groteske, teuflische Menschen mit rot leuchtenden Augen, in der Mitte hält ein siegesgewisser Reiter eine rote Flagge empor.

Gut fünfzig Seeleute treffen sich am Nachmittag im Gewerkschaftshaus, um einen Obersten Soldatenrat zu wählen. Sie kennen einander kaum. Alle reden laut durcheinander, manche interessieren sich kaum für Politik. Einige sind kurz zuvor im Schnellverfahren auf ihren Schiffen als Räte gewählt worden, andere sind zufrieden, wenn ihre Einheit überhaupt vertreten ist. Vorne an einem Tisch sitzt der Politiker Gustav Noske und erklärt sich nur zu gerne bereit, den Soldatenrat zu leiten. Er geht umher, schaut sich die Männer näher an und wählt neun Leute für seinen Rat aus, darunter Karl Artelt. Während sich Noske für Ordnung in Kiel ausspricht, plant er insgeheim, die Meuterei abzuwürgen, um eine Revolution im Land zu verhindern. Erfolgreich wehrt er sogleich den Vorschlag eines Matrosen ab, an anderen Orten Deutschlands Flugblätter abzuwerfen, um den Aufstand ins Land zu tragen. Doch er kann nicht verhindern, dass die Räte heute vierzehn Punkte formulieren, die bald in ähnlicher Form von Soldatenrat zu Soldatenrat, von einer zur nächsten Stadt gereicht werden: Freilassung der politischen Gefangenen, Rede- und Pressefreiheit, Schluss mit der Briefzensur, Offiziere haben sich dem Rat zu fügen, die Flotte bleibt im Hafen.

Am Abend hängen dunkle Wolken über der Förde. Es ist kalt und regnerisch. Gustav Noske erinnert sich daran, einmal gelesen zu haben, dass es selten zu einer Revolution komme, wenn die Leute einen Regenschirm brauchen. Aber trotz Kälte und Regen strömen Tausende zum Wilhelmsplatz. Die Menschen schwingen rote Fahnen und hören stundenlang Rednern zu, während immer wieder ein Musikkorps aufspielt. Während sie feierlich die nächsten Schritte planen, dringt einige Hundert Meter weiter eine Patrouille in das Haus des Stadtkommandanten Kapitän zur See Wilhelm Heine. Man will ihn festnehmen. Schließlich ist er dafür verantwortlich, dass zwei Tage zuvor neun Menschen vor dem Café Kaiser getötet wurden. Als er sich nicht abführen lassen will und zu einer Waffe greift, wird er erschossen.

Im Kieler Schloss macht sich Prinz Heinrich von Preußen, der Bruder des Kaisers, auf zur Flucht. Er hat eine rote Fahne ans Auto gebunden, ein rotes Tuch umgeschlungen und sitzt selbst am Steuer. Mit seiner Familie will er sich auf Gut Hemmelmark zurückziehen, ein Herrenhaus im Stil englischer Landhäuser in der Nähe von Eckernförde. Als Großadmiral hatte er die Ostseestreitkräfte befehligt. Vorhin musste er mit ansehen, wie seine Schlosswache durch eine Patrouille des Soldatenrates ersetzt wurde. Einen der neuen Männer fragte er, ob dieser nicht wisse, dass er seinen Eid gegenüber dem Kaiser breche. Der Mann antwortete gelassen, Wilhelm flöge ohnehin bald vom Thron.

Kaum hat Prinz Heinrich die Stadt hinter sich gelassen, muss er abbremsen. Ein Lastwagen ist vor einem Militärposten liegen geblieben und versperrt die Straße. Nachdem die Panne behoben ist, stellen sich zwei Matrosen auf die Trittbretter seines Wagens, um mit nach Eckernförde zu fahren. Der Prinz fährt weiter und überholt das Lastauto. Was dann geschieht, bleibt ungeklärt: Heinrich von Preußen wird behaupten, der Militärposten habe auf seinen Wagen geschossen. Dabei sei einer der Trittbrettfahrer getötet worden. Aus Sicht des Militärpostens kamen die Schüsse aus dem Wagen des Prinzen.

Travemünde

An Bord der vier Schiffe des III. Geschwaders, die gestern Kiel verlassen mussten, ist keine Ruhe eingekehrt. Statt den Anweisungen ihrer Offiziere zu folgen, bestimmen die Matrosen und Heizer einen Soldatenrat. Sie montieren rote Flaggen an Militärfahrzeuge, die nach Lübeck und Hamburg geschickt werden. So wollen sie ihren Aufstand ins Land tragen, damit er sich zu einer Revolution ausbreite.

Hamburg

Auf der Werft Blohm & Voss schmeckt den Arbeitern das Essen nicht. Empört über den Hundefraß zerdeppern sie das Mobiliar der Speisesäle. Auch auf der Werft Vulkan rebellieren die Malocher.

Am Nachmittag kommen Kieler Matrosen mit einem Zug in der Hansestadt an. In ihren Leinenuniformen laufen sie durch die Metropole zum Gewerkschaftshaus am Besenbinderhof, wo sie sich ihren Weg durch sechstausend Demonstranten bahnen. Klatschend gehen die Menschen zur Seite, sodass die Matrosen ins Gebäude gelangen können. Im Innern drängen sich die Massen eng zusammen. Nur jeder Zweite hat einen Sitzplatz ergattert. Hamburg müsse seinen guten Ruf wieder zurückerobern, fordert vorne Wilhelm Dittmann, Reichstagsabgeordneter der Unabhängigen. »Das Alte stürzt, und das Proletariat sieht sich über Nacht vor die Aufgabe gestellt, die politische Macht zu ergreifen. Alle Kleingeisterei und Angst vor der eigenen Unreife gilt es abzulegen.« Während er spricht, betreten die Matrosen die Bühne und werden dabei laut bejubelt. Morgen will man auf dem Heiligengeistfeld einen Generalstreik durchführen.

★

Kurz vor Mitternacht trifft der Matrose Friedrich Zeller am Hauptbahnhof ein. Er ist mit einem Truppentransport aus Flandern gekommen, um zu seiner Einheit nach Kiel zu reisen. Doch am Bahnsteig erzählen ihm Kameraden aus Kiel von der Meuterei an der Förde. Kurz entschlossen verlässt er mit ihnen den Hauptbahnhof, um am Hafen Torpedoboote zu besteigen – ohne dabei groß auf Widerstand zu treffen. Rasch wächst ihre Truppe auf hundert Mann an. Die Meuterer besetzen auch den Elbtunnel, den Hauptbahnhof und das Gewerkschaftshaus. In den Polizeiwachen übergeben die älteren Beamten wortlos ihre Pistolen, Gewehre und Patronen, was selbst die Seeleute überrascht. Ein wenig mehr Widerstand hatten sie schon erwartet.

Berlin

Erstmals sind im *Vorwärts* ein paar Zeilen über die Unruhen in Kiel zu lesen. Bislang hat man sich nur hier und dort verstohlen etwas zugeraunt. So viele Gerüchte kursieren in der Hauptstadt, dass Tatsachen von Falschmeldungen kaum zu unterscheiden sind. Harry Graf Kessler hört etwa, die beiden Unabhängigen Karl Liebknecht und Hugo Haase seien in Kiel (was nur auf Letzteren zutrifft). Zudem würden Divisionen von der Westfront zur Unterdrückung des Aufstandes an die Förde transportiert (tatsächlich sind Truppen des elften Armeekorps im Anmarsch, die jedoch nicht angreifen werden). Kaum mehr sicher ist auch, ob es in Berlin noch kaisertreue Einheiten sowie Panzer und Flugzeuge für den Straßenkampf gibt. Es heißt, bemerkt Kessler, man erwarte Vorgänge für übermorgen – für den 7. November. Von wem er das Wissen hat, verrät er nicht. Auf ihn wirkt die Regierung jedenfalls zwiegespalten und unentschlossen. Nun sei die Sozialdemokratie die letzte Ordnungsmacht. Aber wie lange noch?

Am Bahnhof Friedrichstraße ist der Koffer eines russischen Kuriers geplatzt. So steht es in einer amtlichen Nachricht. Dabei habe man verdächtige Flugschriften entdeckt. Wollen die Russen in Berlin einen bolschewistischen Aufstand entfachen? In einem Teil der Flugblätter werde zur Revolution aufgerufen. Sie seien, so wird berichtet, mit »Gruppe Internationale« unterzeichnet – einer von Rosa Luxemburg gegründeten Organisation pazifistisch gesinnter Sozialdemokraten. Der andere Teil der Flugblätter propagiere Terror und Meuchelmord. Die Regierung diskutiert den Vorfall lange. Weil sie eine Einmischung der Russen in die inneren Angelegenheiten befürchtet, wird sie morgen deren Botschaft schließen lassen. Es bestehe der Verdacht, dass von dort aus Gelder für den Waffenkauf geflossen seien. – Aller Wahrscheinlichkeit nach sind die Flugblätter gefälscht, um die Sowjetunion und die deutschen Spartakisten zu diskreditieren.

Im Laufe des Tages trifft Staatssekretär Conrad Haußmann wieder in Berlin ein. Er beschwört das Kabinett, keine Truppen mehr nach Kiel zu schicken. Es bestehe Ansteckungsgefahr. Noch sei zu hoffen, dass sich der Aufstand nicht über das Land ausbreite. Ernst Karl August Klemens Ritter von Mann Edler von Tiechler bleibt skeptisch. Als Staatssekretär des Reichsmarineamts würde er die Stadt an der Förde am liebsten abriegeln. Durch Hunger werde Kiel nicht zu besiegen sein, sagt er in der Sitzung, man müsse mit großer Macht eindringen und es von Schiffen aus beschießen.

Cuxhaven

Karl Baier liest im *Hamburger Fremdenblatt* von der Meuterei. Endlich ist es so weit! So lange konnte er nur in kleinen, verschworenen Zirkeln über Krieg, Imperialismus und die Russische Revolution diskutieren. Als Matrose hat Baier ein paar Gefechte in der Nordsee miterlebt und musste mehrfach zum Minenräumen rausfahren. Viele Mannschaften haben diese gefährliche Aufgabe nicht überlebt. Mittlerweile arbeitet er als Marinetischler für die Kommandantur in Cuxhaven, in dessen Hafen Minensucher, Minenleger, Torpedoboote, Vorpostendampfer und Kleine Kreuzer liegen. Als die deutsche Schlachtflotte dieser Tage zur Seeschlacht auslaufen sollte, hatten auch die Verbände in Cuxhaven den Befehl erhalten, gefechtsklar zu machen. Kleine Kreuzer wurden mit Minen bestückt. Doch die Cuxhavener Mannschaften merkten, dass etwas nicht stimmte. Einige Schlachtschiffe gaben ihre Minen wieder ab, sodass sie wieder zurück an Bord der Zubringer genommen werden mussten. Was genau dieses Hin und Her zu bedeuten hatte, verstanden die Männer aus Cuxhaven zwar nicht, aber sie ahnten, dass auf den großen Schiffen ein Konflikt im Gange war.

»Wir sind ganz rot, ganz scharf, alleräußerste Linke«, sagt Karl

Baier über sich und seine Freunde. Gemeinsam liest man die *Arbeiterpolitik*, die per Post im geschlossenen Briefumschlag kommt, und bespricht die neuesten Texte in den illegalen *Spartakusbriefen*. Im Oktober stand dort in einem anonym verfassten Traktat: »Eine deutsche Revolution würde somit jetzt unter ganz anderen und unendlich günstigeren Bedingungen zu operieren haben als die russische, die allein, isoliert, dem noch triumphierenden Imperialismus preisgegeben, in seinem Halseisen machtlos verbluten musste. Darum sind alle Hinweise der Nachtwächter vom Regierungssozialismus auf das ›warnende Exempel‹ der russischen Revolution nichts als die üblichen Flunkereien zur Nasführung der Massen. In Deutschland liegt von Anfang an der Knoten der internationalen Lage; ihn durchhauen kann nur das Schwert in der Hand des deutschen Proletariats.«

Angestachelt von der Nachricht aus Kiel, rennt Karl Baier hinüber zur Kaserne der Matrosenartillerie, wo sich die Rebellion an der Förde auch bereits herumspricht. Am Abend will man sich im Gewerkschaftshaus »Zur Sonne« treffen. Bis dahin sollen möglichst viele der 15 000 Matrosen, die in der kleinen Fischerstadt stationiert sind, von der Versammlung erfahren. Man will einen Arbeiter- und Soldatenrat gründen und die Dinge selbst anpacken. Jeder solle mit Waffen und einer roten Armbinde kommen, sagt Baier.

Das Gewerkschaftshaus »Zur Sonne« ist eine Gastwirtschaft, in der auch Theater und Varietés stattfinden. Ein Ort, an dem Neuigkeiten und Geschichten ausgetauscht werden. Die Männer der Minensuchboote erzählen von ihrem Dienst oder reden über den dramatischen Matrosenaufstand in Cattaro an der Adria, der zweitwichtigsten Marinebasis der Donaumonarchie. Anfang des Jahres hatten dort die Arsenalarbeiter gestreikt. Ihnen schlossen sich Matrosen der Panzerkreuzer *St. Georg* und *Karl VI.* an. Untätig hatten die beiden Schiffe jahrelang im Hafen herumgelegen. Fünftausend Mann wagten den Aufstand. Sie setzten ihre Offiziere gefangen, hissten rote Fahnen und wählten Matrosenräte.

Es war wie bei der russischen Revolte auf der *Potemkin* im Hafen von Odessa im Jahr 1905. In Cattaro forderten die Matrosen der K.-u.-k.-Monarchie genau das, was der amerikanische Präsident Woodrow Wilson erst kurz zuvor gegenüber der Weltöffentlichkeit skizziert hatte: nationale Selbstbestimmung und sofortigen Frieden. Um sich vor einem Angriff der eigenen Truppen zu schützen, schickten die Matrosen auch Telegramme an führende Sozialdemokraten in Wien und Budapest. Die Politiker sollten beim Kriegsministerium dafür sorgen, dass der Protest nicht niedergeschlagen wird. Die Matrosen wollten angehört werden. Aber ihre Telegramme kamen in den beiden Hauptstädten der Doppelmonarchie nicht an. Und die militärische Führung reagierte wie erwartet: Statt eine Delegation der Matrosen vorzulassen, tauchte eine Flottendivision aus dem österreichisch-ungarischen Kriegshafen Pola auf. Die Aufständischen mussten rasch entscheiden, ob sie kämpfen oder lieber aufgeben sollten. Mehrheitlich stimmten sie dafür, sich zu ergeben. Achthundert Matrosen wurden verhaftet, vier davon an der Friedhofsmauer von Skaljari in Montenegro standrechtlich erschossen.

Düstere Regenwolken treiben über den Abendhimmel. In den Kasernen schließen Obermaate die Waffenkammern auf. Die Matrosen greifen sich Gewehre und Revolver und laufen hinüber ins Wirtshaus »Zur Sonne«. Karl Baier hat sich eine Pistole mitbringen lassen. Auch Arbeiter strömen in die Gastwirtschaft. Um zwanzig Uhr ist es im Innern so voll, dass man nicht einmal einen Apfel auf den Boden fallen lassen könnte. Von einer Bühne aus ruft Baier: »Der Krieg ist aus!« Er liest die vierzehn Forderungen der Kieler Matrosen vor und lässt sich zu einem der Vorsitzenden des Arbeiter- und Soldatenrates wählen. Anschließend marschieren die Aufständischen durch Cuxhaven. Es ist finster und still, in der Ferne rauscht das Meer. Wie immer sind die Straßenlaternen ausgeschaltet, weil Fliegerangriffe befürchtet werden. In der Kommandantur lassen die Soldatenräte den Kommandeur aus seiner Villa rufen. Dem verdutzten Mann, der freiwillig seine Pistole übergibt, erklären sie, dass alle Offiziere ihres Ranges enthoben seien und diese ab morgen das Gleiche wie die Mannschaften essen würden. Er selbst habe in seiner Villa zu bleiben.

Noch am Abend erfährt Karl Baier, wie unsicher die Lage in Hamburg ist. Auch dort gebe es zwar einen roten Rat, aber die Infanterie gehorche weiterhin dem alten Kommandanten. Gemeinsam mit seinen Leuten entscheidet er, sofort den Kleinen Kreuzer *Augsburg* nach Hamburg zu schicken. Schon morgen früh gegen acht Uhr soll er in die Hansestadt einlaufen. Sollte der alte Kommandeur das Schiff beschießen lassen, will man zurückfeuern. Man überlegt auch, von einem Luftschiff aus Flugblätter über Hamburg abwerfen zu lassen. Damit würden die Revolutionäre ihre Macht demonstrieren. Zwar sind rasch Flugblätter gedruckt und Luftschiffe gefunden, aber niemand will die behäbigen Dinger fliegen. Sie können zu leicht abgeschossen werden. Man wird die Blätter daher von einem Flugzeug aus abwerfen.

Vorhin, noch während der Versammlung im Gasthaus, klingelte in der Kaserne das Telefon für Leutnant Hans Gustav Bötticher, der gerne Satirisches unter dem Namen Joachim Ringelnatz publiziert. Ein Oberleutnant berichtete ihm, seine Leute seien mit Waffen in der Hand davongelaufen. Sie wollten im Gasthaus wohl so etwas wie einen Soldatenrat oder ähnlichen Unsinn gründen. Was man jetzt tun solle? Ringelnatz antwortete kurz, das werde sich schon früh genug von selbst ergeben. Dann nahm er die Schlüssel für die Munitionsräume an sich. Zwar hatte sich von seinen Leuten niemand in der Waffenkammer bedient. Doch auch sie wissen von den Vorgängen in der Stadt. Ringelnatz ging dann zu seinen Männern auf die Stube und riet ihnen: »Seid mäßig und prüft lange und möglichst vernünftig, bevor ihr etwas beginnt. Nur mit Ordnung kommt man zu Freiheit. Bloße Revolution, also ein plumpes Umstürzenwollen, ist der Untergang für alle.«

Nun hat er sich wieder hingesetzt und schreibt seiner Tante von den Sorgen, die er sich um seine alte Mutter und den Bruder macht. Dessen korpsstudentische Allüren könnten eines Tages verhängnisvoll enden.

In der Nacht schaut Joachim Ringelnatz aufgeregt nach seinem jungen Vize. Soeben hat er erfahren, dass der Soldatenrat alle Matrosen dazu aufruft, morgen früh um neun Uhr auf dem Exerzierplatz Grimmerhörn anzutreten. Waffen seien mitzubringen. Nervös weckt Ringelnatz seine Matrosen. Sie sollten hingehen, aber möglichst ohne Waffen. »Besprecht euch jetzt ohne mich.« Noch immer sind sie ihm gegenüber freundlich und respektvoll, was er erleichtert registriert, bestehen aber auf ihre Waffen. Und ihren Lohn wollen sie auch sofort erhalten.

Ringelnatz zieht sich mit seinem Vize auf sein Zimmer zurück. An den Wänden leuchten rote Papierballons, die von einem Fest übrig geblieben sind. »Wir wollen in dieser ernsten Stunde Duzfreunde werden und wollen zusammenhalten«, bietet er an, als die Tür aufgestoßen wird und zwei große Matrosen verschwitzt, keuchend und mit Gewehren in der Hand auf der Schwelle stehen. »Wir sind Delegierte des Soldatenrates. Es gibt keine Vorgesetzten mehr! Es gibt keinen Gruß mehr!«, brüllt der eine und fordert die Schlüssel zu den Munitionsräumen. Ringelnatz bietet ihnen etwas zu essen an. Als sie sich an den Tisch setzen, gesellen sich weitere Matrosen neugierig hinzu. Ruhig erzählen die beiden Delegierten, wie der Abend im Gasthaus verlaufen ist. Der Soldatenrat wolle auf strengste Ordnung achten und bei den Kriegsgegnern sofort Frieden erbitten. Zur Versammlung morgen dürften übrigens auch Offiziere kommen, jedoch ohne Waffen. Nur Patronenmüller sollte besser ganz schnell Cuxhaven verlassen.

Joachim Ringelnatz wird gleich mit eingeladen, weil ihm seine Matrosen bescheinigen, sie immer gut behandelt zu haben. »Ich will nicht mehr, aber auch nicht weniger als ihr sein«, sagt er so überzeugend, dass man ihm die Erlaubnis verschaffen will, seine Waffen tragen zu dürfen. Freundlich verabschiedet er sich von den beiden Delegierten: »Wenn ihr eure Sache mit Gott und ganzem Gewissen haltet, dann wünsche ich euch Glück.« Während sich sein Vize schlafen legt, bleibt Ringelnatz die Nacht über wach.

Köln

Auch die *Kölnische Zeitung* berichtet heute erstmals über Unruhen in Kiel und prophezeit ein Horrorszenario: »Raucht erst einmal kein Fabrikschornstein mehr, dann raucht auch der Schornstein der Arbeiterwohnung nicht, und Not und Elend kehren überall ein, wohin der Umsturz seine Fackel trägt.« Die sozialdemokratische Partei solle nicht länger die platonische Auslegung von Sprüchen der Parteibibel praktizieren, sondern sich in die Phalanx gegen den Bolschewismus einreihen. Allerdings wird die Zeitung weniger von Arbeitern als von Händlern und Beamten gelesen. Während sie noch an den Ständen ausliegt, kommen die ersten Kieler Matrosen in der Garnisonsstadt an. Unbemerkt von der Polizei, laufen sie von einer Kaserne zur nächsten und berichten den Soldaten von der Revolte an der Förde. Jetzt wird auch in Köln ein Aufstand vorbereitet.

Frankfurt am Main

Eigentlich soll der Soldat Wilhelm Grönke am Hauptbahnhof nur kurz umsteigen. Doch er lässt sich Zeit, schaut sich in der Halle um und atmet Heimatluft. Er ist in Frankfurt aufgewachsen, nicht weit vom Bahnhof entfernt. Überall an den Gleisen sieht er Soldaten in feldgrauen Uniformen. Viele von ihnen hatten Fronturlaub. Nun sind sie beunruhigt und erbost, dass sie zurück an die Front sollen, obwohl doch ohnehin alles verloren ist. Keiner will jetzt noch kurz vor Kriegsende in einem Schützengraben verrecken. Und kaum jemand glaubt an das, was die Alldeutschen propagieren: dass ein letztes Aufgebot, bestehend aus Kindern und Greisen, zum Sieg führen könnte. Niemand will sich von den Geschwistern, den Eltern, der Frau und den Kindern verabschieden.

Wilhelm Grönke blickt sich um. Manche Soldaten verlassen einfach den Bahnhof. Andere besteigen einen offensichtlich falschen Zug, der sie irgendwohin bringt – nur nicht zur Front. Zu Beginn des Krieges hatte Grönke sich freiwillig gemeldet. Er wurde an der Lunge verletzt, kam in ein Lazarett und wurde anschließend an die Kaiserliche Werft Wilhelmshaven versetzt. Weil er kaum zu gebrauchen war, ließ man ihn zu einem Verwandten nach Davos reisen. Er erholte sich ein wenig und lernte russische Kommunisten kennen, die ihm von Lenin erzählten. Noch in der Schweiz schloss er sich einer Friedensgruppe an. Vorsichtig schaut sich Wilhelm Grönke erneut am Bahnhof um, dieses Mal nach Offizieren und Polizisten. Als er sich sicher ist, dass ihn niemand beobachtet, greift er geschwind seinen Rucksack und läuft aus dem Gebäude ins Freie. Ein paar Tage lang wird er untertauchen.

Spa

Kaiser Wilhelm II. fährt mit seiner Entourage im Hofzug zur Westfront, wo die Soldaten in Sturm, Regen und Kälte ausharren. Ihre Kleider sind zerrissen und so voller Läuse, dass sie kaum mehr schlafen können. Noch immer hält die Front. Doch seit August sind die deutschen Truppen überall auf dem Rückzug. Für einen erneuten großen Angriff fehlen Kraft, Waffen, Verpflegung und nicht zuletzt Männer. Nicht einmal einzelne Gebiete können dauerhaft gehalten werden. Und nun naht auch noch der Winter. Gestern hätte es bei einem Ausflug des Kaisers an die Front beinahe eine Katastrophe gegeben. Ein feindliches Geschwader war über den Hofzug hinweggeflogen. Aber statt Bomben fielen Flugblätter vom Himmel.

Auf ihrem Weg an die Front sieht die kaiserliche Entourage vom Zug aus Soldaten, die an Stellungen arbeiten. Einige schwingen drohend ihre Fäuste und brüllen laut irgendwelche kaum verständlichen Flüche. Nur einmal vernimmt der kaiserliche Adjutant Sigurd von Ilsemann das Wort »Kriegsverlängerer«. Die Leute seien wohl aufgehetzt worden. Warum nur und von wem, lässt er offen. Wenigstens habe der Kaiser nichts bemerkt. Ansonsten spricht man im Hofzug über das Chaos, das sich im Zentrum Europas ausbreitet. Die Energielosigkeit Kaiser Karls sei schuld daran, meint der Adjutant, dass in Wien eine Revolution ausgebrochen ist. Wie kernig erscheint ihm da doch Wilhelm II.! Erst dieser Tage hat er wieder mal gedroht, Berlin zusammenzuschießen, wenn die Leute dort nicht mehr gehorchen. »Wie gut, dass ich mal die Faust gezeigt habe, da fallen sie gleich um und sehen, dass sie allein stehen, während ich die ganze Armee zur Verfügung habe«, betont der Kaiser jetzt erneut. In der Hauptstadt, so will er erfahren haben, verlangten nur noch die Sozialdemokraten seine Abdankung.

Ein wenig Zeit bleibt immerhin. Bis zum 1. April jedenfalls, schätzt ein Major gegenüber dem Adjutanten. Dann gehe das Öl aus. In sein Tagebuch notiert Sigurd von Ilsemann beiläufig als letzten Satz an diesem Tag: »Die Marine hat gestern in Kiel gemeutert.«

München

Kurt Eisner eilt durch die dunklen Straßen. Er sollte längst im Hackerkeller sein. Seine Partei, die Unabhängigen, haben zu einem großen Treffen gerufen. Der Festsaal könnte voll werden. Denn in den Zeitungen wurde heute von der Revolte in Kiel berichtet und von einem Arbeiter- und Soldatenrat, der sich in Stuttgart gebildet hat. Als Eisner keuchend und schwitzend im Hackerkeller eintrifft, ist niemand mehr zu sehen. Auf den Tischen stehen leere Gläser, Stühle liegen kreuz und quer umher. Als wäre der Saal geräumt worden. Von einer Kellnerin erfährt er: »Ja, wissens, dös san zvui gwesen: da sans halt umi ganga auf d'Wies'n.« Der Saal, in den 1700 Menschen passen, hat sich als viel zu klein herausgestellt.

Kurt Eisner hetzt weiter zur Theresienwiese. Kaum erreicht er den riesigen ovalen Platz, erkennt er eine nicht mehr zu überblickende Menge. Abertausende Malocher, Arbeiterinnen und Soldaten versammeln sich an der Bavaria, wo jemand bereits eine Rede hält. Kurt Eisner drängt sich nach vorn, vorbei auch an Matrosen. – Rund tausend Seeleute sind in München gestrandet. Bis zur Kapitulation Österreich-Ungarns waren sie im Hafen von Pola an der Adria stationiert gewesen. Dann wurden sie nach Wilhelmshaven versetzt, erhielten aber unterwegs Order, vorerst an der Isar zu bleiben. So will man verhindern, dass sie sich den Meuterern anschließen.

Als Kurt Eisner die Anhöhe zur Bavaria emporsteigt, spricht von oben gerade sein Freund, der Schriftsteller Bruno Frank. Eisner nimmt eine nervöse, gespannte Atmosphäre wahr. Dass sich die Menschen einfach auf der Theresienwiese versammeln und Rednern zuhören, ist gewagt. Seit Beginn des Krieges sind Kundgebungen unter freiem Himmel verboten. Man bräuchte eine besondere Genehmigung, die man aber kurzfristig niemals erhalten hätte. Jederzeit könnte die Polizei einschreiten, auf Pferden in die Menge preschen und die Menschen niederknüppeln.

Nun tritt Kurt Eisner vor die Menge. Er muss laut reden, so

laut er kann, sonst ist er nicht zu verstehen. Er erkennt nur schattenhafte Köpfe. An die 20000 Menschen könnten es vor ihm sein. Jemand ruft, man solle gemeinsam in die Stadt ziehen. Von oben mahnt Eisner: »Nur noch kurze Zeit.« Nicht jetzt! »Ehe achtundvierzig Stunden verstreichen«, ruft er, »steht München auf!« Dafür verpfände er seinen Kopf. Wieder brüllt jemand: »Zu den Kasernen!« Andere fordern Waffen. Kurt Eisner wird unsicher und weiß nicht, wie er reagieren soll. Es ist viel zu dunkel, um ein Gesicht zu erkennen. Will man ihm eine Falle stellen? Keine unüberlegte Aktion! »Nicht in dieser Nacht wollen wir aufbrechen«, ruft er und formuliert pathetisch: »Die Sache des Volkes hat nicht das Licht des Tages zu scheuen. Im Strahl der hellen Sonne wird sich das Volk von München erheben!« Am Donnerstag sei es so weit. Dann werde die Regierung gestürzt und Frieden geschlossen. – Am 7. November wollen die Sozialdemokraten eine große Demonstration abhalten. Kurt Eisner hofft auf eine Stadt im Aufruhr, auf Hunderttausende Arbeiter, Soldaten, Matrosen und die Bauern. Mit deren Anführern bespricht er sich in diesen Tagen oft. Er will Ludwig Gandorfer unbedingt dabeihaben.

Noch in der Nacht beraten Polizei und bayerische Regierung, ob man Kurt Eisner nicht besser wieder einsperren sollte. Man weiß, dass die Menschen unzufrieden sind. Aber große Massen stehen offenbar nicht hinter ihm. Sollte seine Partei jedoch einen Putsch wagen, könnte man zuschlagen und gleich eine ganze Reihe von Leuten festnehmen. Deshalb bleibt Kurt Eisner frei.

Mittwoch, 6. November

Alsen

Der Militärschneider Bruno Topff liegt lungenkrank im Hospital der Ostseeinsel Alsen, auf der gut viertausend Soldaten stationiert sind. Als Topff vom Matrosenaufstand in Kiel erfährt, springt er aus dem Krankenbett, verlässt das Hospital und verkündet mitten auf dem Kasernenplatz von einer Leiter herab: »Das Hampelmannspielen ist nun vorbei. Wir kommen soeben aus Kiel, wo wir die Macht ergriffen und sechshundert Offiziere erschossen haben.« Nachdem er zum Vorsitzenden des Soldatenrates gewählt ist, werden Kadetten und Offiziere entwaffnet. Topff lässt eine rote Flagge hissen, Alkohol verbieten und Lebensmittel verteilen. Wenig später trifft ein Telegramm aus Berlin ein, in dem es um die Vorgänge in Kiel geht. »Soldatenrat wird nicht anerkannt. Kiel wird von der Armee eingeschlossen, um Ausbreitung der Bewegung zu verhindern. Schiffe mit roter Flagge sind als feindlich zu betrachten«, heißt es aus dem Reichsmarineamt. Das würde Bürgerkrieg bedeuten, aber auf Alsen regiert nun Bruno Topff und ignoriert das Telegramm.

Rendsburg

Von so viel Untertänigkeit des Direktors ist der Gefangene Carl Richard Linke angewidert. Wie klein und erbärmlich doch »dieser große Heldenvater« über Nacht geworden sei, denkt Linke. Bisher hatte sich der Direktor der Arrestanstalt unerbittlich gegenüber den gefangenen Matrosen gezeigt. Heute aber wird Linke von ihm auf einmal in einem fabelhaft höflichen Ton gebeten, möglichst rasch einen Brief an seine Eltern zu verfassen. So ergeben zeigt sich der Direktor bei seiner Bitte, als wollte er seinem Gefangenen als Nächstes noch einen Stuhl und eine Zigarre offerieren. Immerhin werden ihm Feder, Tintenfass, Briefbogen und ein Kuvert auf die Zelle hinterhergetragen.

Obwohl er anfangs keine Lust verspürt, schreibt Carl Richard Linke drei Stunden lang an vier winzig kleinen Seiten – und denkt dabei unentwegt darüber nach, ob er den Brief in Prosa oder besser in Poesie abfassen sollte. Während er an seinen Sätzen feilt, teilt ihm ein Wärter auf einmal mit, dass Matrosen angekommen seien. Plötzlich ein Rumoren und Laufen auf den Gängen. Linke erhält die Privatsachen zurück – aber wo sind die Uniformstücke hin? Auch die will er haben und muss sich beschweren, bis man ihm einen neuen feldgrauen Mantel und eine Matrosenmütze besorgt. Weil die ihm aber viel zu weit über die Ohren rutscht, schimpft er erneut so vehement, dass man ihm lieber schnell eine passendere auftreibt.

Noch während Linke seine Bündel schnürt, drängt man ihn zum Büro des Direktors, wo ihn Matrosen einer Unterseebootabteilung erwarten. Sie halten geladene Gewehre in ihren Händen und nicken ihm so unerschrocken wie entschlossen zu. Es wäre eine Torheit, ihnen Widerstand zu leisten. Auf dem Weg ins Freie ruft er jubelnd, weil ihm nichts anderes einfällt: »Boot – ahoi!« Daraufhin intoniert eine Kapelle das Stück: »Freiheit, die ich meine!« Zusammen mit seinen Befreiern fährt Carl Richard Linke nach Kiel, um von dort aus weiter nach Wilhelmshaven zu seinen Kameraden der *Helgoland* zu reisen.

Hamburg

Als führender Politiker der Unabhängigen in der Hansestadt sollte Ferdinand Kahlweit immer bestens über alles informiert sein. Hätten ihn aber die Matrosen an diesem Morgen nicht aus dem Bett geholt, säße er noch ahnungslos am Frühstückstisch. Nie hätte er gedacht, wie schnell die Welt auf einmal in Bewegung geraten kann. Während Flugblätter auf die Hansestadt herabflattern und die aus Cuxhaven entsendete *Augsburg* einläuft, wird Kahlweit im Gewerkschaftshaus zum Vorsitzenden des hiesigen Arbeiter- und Soldatenrates gewählt.

Vom Heiligengeistfeld in St. Pauli, wo sich am Mittag die Hamburger zum Generalstreik zusammengefunden haben, machen sich nun 40 000 Menschen auf nach Altona, zum Generalkommando in der Palmaille. Sie laufen in breiten Reihen die Reichenstraße hinab und schwingen lachend rote Stofffetzen. Plötzlich knallen Schüsse. Menschen schreien auf, stürzen auf das Pflaster, pressen sich die Hand auf Brust oder Bein, Blut quillt zwischen ihren Fingern hervor. Viele springen in Hauseingänge oder flüchten in Hinterhöfe. Oben in den Dachluken sind Gewehre zu sehen. Uniformierte laden nach, zielen in die Menge und schießen zehn Menschen tot. Unten brechen Arbeiter und Matrosen die Türen zu den Häusern auf, rennen die Treppen empor und zerren einen Offizier auf die Straße. Sie stellen ihn vor einen Laternenpfahl, streiten laut miteinander und richten den Mann dann doch nicht hin. Dann geht's Hunderte Meter weiter zum Generalkommando. Dort tut nur noch ein Registrator seinen Dienst. Der Kommandeur rast derweil in einem Auto nach Lüneburg, um mit einer Division Soldaten seine Stadt zurückzuerobern.

Am späten Abend legt sich der Sozialdemokrat Herrmann Müller beruhigt in sein Hotelbett. Den ganzen Tag über hat er befürchtet, die Revolution könne in Hamburg gefährlich weit nach links ausschlagen. Mitten in der Nacht klopfen auf einmal bewaffnete Matrosen ans Hotelzimmer und wollen seinen Ausweis sehen. Müller kann es nicht fassen, als einer der Männer nachbohrt, warum das Papier denn abgelaufen sei. Nur in Deutschland, ätzt der Politiker, sorge man sich während einer Revolution um die Verlängerung eines Passes.

Cuxhaven

Nach dem Frühstück greifen sich die Matrosen ihre Gewehre und Pistolen. Joachim Ringelnatz wird teils stramm militärisch, teils lässig oder gar nicht gegrüßt. Während sich die Männer draußen zu einem Zug formieren, darf Ringelnatz ein paar Worte sprechen und sich als ihr bisheriger Vorgesetzter verabschieden. Er bleibt mit wenigen Leuten in der Kaserne zurück: seinem Vize, einem Feldwebel, dem gottesfürchtigen Wedder, einem Obermatrosen, dem Koch, dem Schuster und vier Kranken. Nervös hocken sie in den kommenden Stunden vor dem Telefon. Nur als einmal am Himmel ein Flieger auftaucht, rennt Ringelnatz zu den Geschützen am Strand. Doch es ist ein deutsches und kein feindliches Flugzeug. Dann kommt ihm eine Idee, und er ruft den Soldatenrat an. »Hier Leutnant Hester, Seeheim«, täuscht er vor und schwadroniert: »Meine Leute sind, wie Sie befohlen haben, bewaffnet nach Grimmerhörn abgezogen. Sie haben aber die Maschinengewehre mit Munition zurückgelassen. Die sind also in meiner Gewalt. Es wäre mir und meinen Feldwebeln zum Beispiel eine Kleinigkeit, die Leute, wenn sie zurückkehren, wie Spatzen abzuschießen.« Kurz Stille, dann ein Fluch, schließlich heißt es fragend, was man machen solle. Ringelnatz lacht. »Machen wir beide nichts!«

Am Mittag wandert er durch die weite, offene Heidelandschaft hinüber zur Batterie Nordheim. Regenwolken fliegen über den Himmel, und das Meer brandet an den Strand. Schon von ferne sieht er an einem Mast eine rote Flagge wehen. Nur ein Feuerwerker ist zurückgeblieben. Alle anderen Männer sind auf dem Exerzierplatz. Ringelnatz hofft, dass auch die englischen und französischen Matrosen meutern. Warum sollten sie es den deutschen Matrosen nicht gleichtun? Immer wieder klingelt in der Batterie das Telefon. Wirre Gerüchte, Befehle und Meldungen sind zu hören. Einmal heißt es, von Hamburg aus rücke Militär an. Aber um wen zu unterstützen?

Inzwischen haben die Aufständischen in Cuxhaven den Bahnhof besetzt, das Telegrafenamt, alle öffentlichen Gebäude und die beiden Zeitungsredaktionen. Als Offizier darf Joachim Ringelnatz das Festungsgebiet fortan nicht mehr verlassen, ist aber zum Vertrauensmann der Matrosen gewählt worden.

In der Abenddämmerung schleppt er sich ermüdet durch den nassen Sand ins Offizierskasino, wo die Aufständischen ihr Hauptquartier bezogen haben. Ringelnatz trägt einen Pelzmantel, in der Hand einen Spazierstock und auf dem Kopf seine Offiziersmütze. Einige sind erstaunt über so viel Chuzpe, andere weichen ihm irritiert aus. Erst im Hauptsaal stürzt sich wütend ein Matrose auf ihn und raunzt ihn an: »Wir haben nichts mit Offizieren zu tun. Unsere Parole ist Liebknecht.« Man müsse ihn anhören, wehrt sich Ringelnatz. Sie bräuchten Offiziere und gebildete Leute und sollten allenfalls dumme und schlechte Offiziere abweisen. Er komme mit seinem ganzen Herzen, ohne jedoch seinen Offiziersstand verraten zu wollen. Man entgegnet, er solle morgen wiederkommen.

Stade

Im Alten Land tauchen die ersten Seeleute auf. Vorsichtshalber schickt der Regierungspräsident von Stade eine Depesche an sein Oberpräsidium in Hannover: »Landrat Otterndorf meldet, dass eine Anzahl Matrosen aus Cuxhaven, angeblich im Auftrag eines Soldatenrats, den Bahnhof Otterndorf besetzt habe. Bisher keine Ruhestörungen.« Auch später ist von keinen Vorfällen zu berichten.

Bremen

Schon von Weitem sind die riesigen Helgenkrangerüste der Werft Weser zu sehen, eines der größten Schiffbaubetriebe des Reiches. Die Gerüste überragen jedes Gebäude im Stadtteil Gröpelingen. Die Matrosen, die gerade mit dem Zug aus Kiel angekommen sind, fahren mit der Straßenbahn hinaus zu den sechstausend Werftarbeitern. Es sind mutige und gut organisierte Malocher. Als Karl Liebknecht vor zwei Jahren wegen Hochverrats verurteilt worden war, legten sie aus Protest die Arbeit nieder. Ein anderes Mal musste sogar die Polizei aufmarschieren. Und als im Januar überall im Land demonstriert wurde, machten auch die Bremer Werftarbeiter mit.

Nun reden die Matrosen auf die Arbeiter ein: Es ist vorbei, legt alles lahm, streikt! Tausende laufen in langen Kolonnen zum Marktplatz. Sie sammeln sich um die Rolandstatue und stehen gedrängt auf dem Platz zwischen der Neuen Börse und dem Alten Rathaus. Männer wie Frauen, Soldaten wie Zivilisten tragen rote Schleifen. Eine Kapelle spielt Musik. Redner fordern eine sozialdemokratische Republik. Und am Bahnhof kommt zufällig ein Transport mit den gefangenen Matrosen der *Thüringen* und der *Helgoland* an. Sie sollen verlegt werden. Doch ihre Bewacher sind von den demonstrierenden Massen tief beeindruckt – und befürchten, angegriffen zu werden, wenn sie ihre Gefangenen nicht sofort freiwillig laufen lassen.

Wilhelmshaven

Alle ihm nach! 20 000 Matrosen folgen dem Oberheizer Bernhard Kuhnt durch die Straßen. Er ist ein kräftiger Mann von zweiundvierzig Jahren, ein gelernter Maschinenschlosser, der es vor dem Krieg zum Geschäftsführer des Deutschen Metallarbeiterverbandes gebracht hatte. Jetzt führt er Matrosen an, die sich gerade eben in den Waffenkammern eingedeckt haben, um die Arrestanstalt zu stürmen. Die tausend Meuterer der *Helgoland* und der *Thüringen* müssen befreit werden. Sonst stellt man sie womöglich an die Wand. Während sich das Seebataillon weigert, auf Bernhard Kuhnt und seine Matrosen zu schießen, lässt die Infanterie aus Oldenburg so lange auf sich warten, dass der Stationschef letztlich kapituliert. Jetzt regiert auch in Wilhelmshaven ein Arbeiter- und Soldatenrat mit Bernhard Kuhnt an der Spitze. Er lässt fortan mit Flugzeugen erkunden, ob kaisertreue Truppen auf dem Weg nach Wilhelmshaven sind – und gefährlich werden könnten. Zugleich reisen unzählige Matrosen von Wilhelmshaven aus in Sonderzügen in die Heimat.

Berlin

Am Morgen klingelt bei Harry Graf Kessler das Telefon. Das Kabinett hat beschlossen, den polnischen Unabhängigkeitskämpfer Józef Piłsudski freizulassen. Kessler läuft sofort hinüber zum Kanzlerpalais, um letzte Details zu erörtern. Dort spricht er kurz General Wilhelm Groener, sieht Philipp Scheidemann die Flure entlangschreiten und hört, dass sich Matthias Erzberger in diesem Moment ins französische Hauptquartier aufmache, um dort über einen Waffenstillstand zu verhandeln. Schließlich unterhält sich Harry Graf Kessler mit einem hohen Diplomaten. Die Marine hat uns erst den Krieg gebracht, meint der Mann, dann den U-Boot-Krieg und jetzt die Revolution. Auch Lübeck und Travemünde seien von roten Matrosen besetzt. Von der Küste strömten sie nun in allen Zügen, die sie kriegen könnten, nach Berlin. Für heute Abend werde deshalb ein Putsch erwartet.

In der Reichskanzlei diskutiert General Wilhelm Groener mit den drei Sozialdemokraten Friedrich Ebert, Philipp Scheidemann und Albert Südekum. »Ich rate Ihnen, Herr General, dringend, noch einmal die letzte Gelegenheit zur Rettung der Monarchie zu ergreifen«, fordert Ebert. Einen Staat ohne Kaiser kann sich der Parteivorsitzende nicht vorstellen. Im sozialdemokratischen Programm mag etwas von Revolution stehen, und seine Genossen mögen vom großen Kladderadatsch träumen, aber ihm sind solche Visionen fremd. Friedrich Ebert ist ein eher kleiner Mann mit rundem Körper, kurzen Beinen und kehliger Stimme. Bei seinen Reden muss er stets vom Manuskript ablesen. Aber im Kampf um die Macht ist er ein so gewiefter wie beharrlicher Organisator. Er hatte es geschafft, dass seine Fraktion noch 1914 geschlossen für Kriegskredite stimmte. Auf sein Geheiß hin sollten nicht einmal Bedingungen formuliert werden. Man dürfe das Vaterland, wenn es in Not sei, nicht im Stich lassen. Nie hat er protestiert, wenn Parteifreunde wie Karl Liebknecht bespitzelt, eingesperrt oder an die Front geschickt wurden. Als sich achtzehn Genossen gegen weitere Kriegskredite stellten, ließ er sie aus der Fraktion werfen. Sie mussten eine eigene Fraktion bilden, aus der im vergangenen Jahr die Unabhängigen hervorgegangen sind. Für seine linken Gegner ist Friedrich Ebert ein Kaisersozialist. Er hat sich an das System angepasst, ist in ihm aufgestiegen. Und so war es ein Schock, als ihm der herrische General Erich Ludendorff vor einigen Wochen klarmachte, dass der Krieg verloren sei und man sofort einen Waffenstillstand brauche. Nun müsse die Sozialdemokratie die Suppe auslöffeln, hatte der General im Hauptquartier zu seinen Leuten gesagt. Sie sei ohnehin schuld an der ganzen Misere. Während Philipp Scheidemann zögerte, drängte Ebert seine Genossen in die Regierung. Sie sollten retten, was zu retten sei.

Doch nun, während des Gesprächs mit General Groener in der Reichskanzlei, sind die drei Genossen verzweifelt. Albert Südekum kullern gar Tränen über die Wange. Wenn der Kaiser abdanke, meint er, müsse das doch nicht das Ende der Monarchie bedeuten. Er möchte, dass der General mit dem Kaiser bitte über die Abdankung spricht. Aber Groener bockt. Er werde nicht mit dem Kaiser über solche Dinge reden. Die Armee brauche ihren Kriegsherrn.

Kaum ist der General fort, wird Philipp Scheidemann ans Telefon gerufen. Minuten später kehrt er stammelnd zurück: »Meine Herren, wir wissen nicht, ob wir morgen noch auf diesen Stühlen sitzen werden.« Die Matrosen hätten in Hamburg die Gewalt an sich gerissen.

Nicht weit vom Alexanderplatz entfernt hocken in einem Lokal in der Jostystraße die Revolutionären Obleute zusammen. Karl Liebknecht wirbt erneut dafür, dass am 9. November ein Generalstreik stattfindet, aber wieder hat er keine Chance. Die anderen stimmen mehrheitlich für Montag, den 11. November – frühestens, vielleicht auch erst ein paar Tage später.

Längst nicht alle Menschen lassen sich von den Ereignissen beeindrucken. Fritz Lang etwa lebt in der Parallelwelt des Films und stürzt sich in das nächste Drehbuch, ein Liebesdrama namens *Die Rache ist mein!* Außer Filmemachen interessiert ihn zurzeit wenig anderes, schon gar nicht große Politik oder irgendwelcher Parteienstreit. Die Dramen, die sich draußen vor seiner Haustür abspielen, bemerkt er nicht. Für ihn ist der Krieg vorbei. Er war an der Ostfront und in Italien, wurde mehrmals verwundet, unter anderem böse am rechten Auge. Erst kürzlich ist er nach Berlin gezogen und hat nun ausschließlich seine Arbeit im Kopf. Schon in wenigen Monaten wird er erstmals als Regisseur arbeiten und das Melodram *Halbblut* drehen. Vermutlich hat er schon die ersten Ideen zu diesem Film im Kopf, der von der schönen Juanita handelt, der alle Männer verfallen, obwohl man sie als »Halbblut« nicht recht ernst nimmt. Sie wird ihren Mann ins Irrenhaus bringen und dessen besten Freund, einen Falschspieler, an die Polizei verraten, wofür sich dieser am Ende rächt.

Leipzig

In der *Leipziger Volkszeitung* liest Richard Lipinski auf der Titelseite: »Die Revolution marschiert! Die Rote Flagge über der Kriegsflotte!« Zwar steht über Matrosen wenig im Text, aber die Redakteure haben von Unabhängigen erfahren, dass in der Stadt ein Aufstand erörtert worden ist. Lipinski ist ein charismatischer, tatkräftiger Politiker. Als er im vergangenen Jahr zu den Unabhängigen wechselte, folgten ihm fast alle Genossen. Kaum jemand ist noch bei den Leipziger Sozialdemokraten geblieben. Er spürt, dass es bald losgeht – und macht sich nun auf zu den Garnisonstruppen im Süden der Industriestadt, wo er in einem Versammlungslokal in Connewitz für einen Aufstand wirbt. Er muss nicht lange argumentieren. Viele stehen ohnehin seiner Partei nahe.

Irgendwo in der Stadt hocken heute einige Arbeiter, Journalisten und Unabhängige zusammen. Sie beraten, wie der Aufstand ablaufen könnte: Ein bewaffneter Trupp von fünfundzwanzig Mann soll das Generalkommando besetzen, ein zweiter Trupp das Hauptpostgebäude angreifen, um alle Telefongespräche und Nachrichten zu kontrollieren. Auch um den Oberbürgermeister wird man sich kümmern müssen. Es bleibt ein Plan, der wie so viele andere nicht umgesetzt wird.

Für den Fall innerer Unruhen ist dem XIX. Armeekorps bereits der Einsatz von Schusswaffen angeordnet worden. Nun besprechen die Behörden, welche Gebäude unbedingt vom Militär geschützt werden müssen: auf jeden Fall ein Elektrizitätswerk, Großmühlen, die Rathäuser und ein Sprengstofflager. Nur die Leiter eines Kraftwerks protestieren, weil sie fürchten, die Arbeiter könnten sich vom Militär provoziert fühlen. Morgen werden noch Bewaffnete am Neuen Rathaus postiert. Sollte es zu Straßenkämpfen kommen, dann sind auch in der Beethovenstraße vorsorglich einige Barrikaden und Feuernester errichtet. Mit diesen Maßnahmen will man das Reichsgericht, das Gewandhaus und die Universitätsbibliothek verteidigen.

Köln

Elfriede Bayley kann nicht fassen, wie rasch die Menschen alles vergessen haben. Sie ist traurig, aber auch empört. Vehement hat sie immer wieder gegen den Krieg argumentiert, wofür sie verspottet worden war. Die Sozialdemokraten hätten die Leute vier

Jahre lang genasführt, klagt sie heute einem Freund, aber diese Herrschaften verstünden ihr Possenspiel, vorneweg deren Vorsitzender, dieser Wilhelm Sollmann. Radikal, wie man sich's nicht besser denken könne! »Ich staune wirklich über die Kunst dieser Hundeseele.« Statt sich auch nur ein Mal ablehnend zur Kriegspolitik zu äußern, hat er aalglatt alles geschluckt. Auf seinen Antrag hin flogen 1917 alle jene aus der Ortsgruppe, die sich für Karl Liebknecht starkgemacht hatten. Ein paar schlossen sich daraufhin in einer Gruppe von Unabhängigen zusammen. Doch ständig wurden sie bedrängt oder gleich zum Militär eingezogen. Einmal löste ein Polizeikommissar sogar eine Generalversammlung auf, nur weil jemand vom Vorstand die Russische Revolution erwähnt hatte. Ein anderes Mal wurde gleich der gesamte Vorstand wochenlang ins Gefängnis gesperrt.

Seit einigen Tagen erinnert Sollmann nun daran, dass die Sozialdemokraten grundsätzlich natürlich revolutionär gesinnt seien. Er redet, als wäre er ein Unabhängiger, von Umwälzung, Klassenkampf und Sozialismus.

Heute sitzt Wilhelm Sollmann auf einem Podium im Stadtteil Mülheim und lässt über eine Resolution abstimmen: »Die Versammlung beklagt und ehrt die Opfer der Bewegung in Kiel und Hamburg. Sie ist gewillt, alles zu tun, damit im Kölner Gebiet die unaufhaltsame revolutionäre Bewegung unblutig in geordneten Bahnen verläuft.« Ruhig und ordentlich soll die Umwälzung vor sich gehen. Dazu müssen die politischen Gefangenen freigelassen werden und die Hohenzollern abdanken. Schon bald sollen demokratische Wahlen zu einer Nationalversammlung stattfinden, um – wie es in der Resolution heißt – eine »großdeutsche sozialistische Republik« zu gründen. Nur eine Gegenstimme gibt es. Wilhelm Sollmann hat sich durchgesetzt, aber eine sofortige Straßenkundgebung, die jemand vorschlägt, will er lieber vermeiden.

Spa

Wie auf einem »sinkenden Schiff« fühlt sich Erwin Planck, das vierte Kind des Quantenphysikers Max Planck. Schon vor dem Krieg hatte er eine Offizierskarriere eingeschlagen. Als es dann losging, war er überzeugt, Land und Monarchie verteidigen zu müssen. Dass das aggressive Verhalten Österreich-Ungarns und des Deutschen Reiches letztlich den Krieg ausgelöst hatte, wollte er nicht erkennen. Er wähnte das Reich von außen angegriffen. Seit etwa einem Jahr dient Planck als Oberleutnant der Reserve im Generalstab, der nunmehr von Wilhelm Groener angeführt wird.

Von Spa aus beobachtet der junge Planck die Welt um sich herum wie von einem Hochsitz aus. »Heute bringen die Zeitungen die Nachricht vom Bolschewismus in Kiel, Flotte unter roter Flagge, Offiziere getötet, Militär übergangen, armes Deutschland, Dir wird nichts erspart«, lamentiert er und schimpft: »Das deutsche Volk ist *doch* nichtswürdig. Jetzt geht unter den Leuten Klasse über Vaterland. Sie brauchen Knute, um Kanaille niederzuhalten, dann ist sie anständig. Unsere Rechte hatte recht, sie war nur unfähig zu regieren wie sie müsste mit dem Preußenstock, und Fluch unseren Liberalen, sie haben mit ihrer Überschätzung alles auf dem Gewissen. Noch ist ja möglich, dass das alles nicht wahr wird, dann will ich abbitten. Ich glaube es aber nicht.«

Spa ist fern der deutschen Wirklichkeit mit seinen hungernden Menschen, den politischen Streiks und neuen Parteien, den zaghaften Reformen und Friedensinitiativen. Immer mehr steigert sich Erwin Planck in den Gedanken hinein, dass die Menschen kein Vaterlandsgefühl besäßen, und malt sich aus, wie Karl Liebknecht das Land mit Terror überziehen und in Blutbäder stürzen werde.

Wie desaströs die militärische Lage tatsächlich ist, erfährt der kaiserliche Adjutant Sigurd von Ilsemann von einem Oberst. Es gebe nur noch eine Möglichkeit: alle Bedingungen des Feindes annehmen und alles dafür tun, um wieder Ruhe im Land zu schaffen. Überall in Deutschland, vor allem in Bayern und Württemberg, gäre es gewaltig. Für eine Revolution brauche es nur einen Funken. Die Menschen seien empört, so lange belogen worden zu sein. Jetzt wollten sie Frieden um jeden Preis.

Donnerstag, 7. November

Hannover

Gegen vier Uhr morgens verlassen dreißig Matrosen und Soldaten den Hauptbahnhof. Sie laufen vor das Gebäude des Generalkommandos, feuern ein paar Schüsse ab, und schon schließen sich ihnen die Wachen an. Alles Weitere überlassen sie den Sozialdemokraten. Allerdings kontrollieren weiterhin Militärstreifen die Züge und zerren später am Tag aus einem Abteil drei Kieler Matrosen heraus. Die Männer wollten zwar nach Berlin weiterfahren und gar nicht in Hannover aussteigen, aber sie können nur die Urlaubsscheine eines Soldatenrates vorweisen, die hier noch nicht gelten. Doch als die Bahnhofswache die Matrosen abführen will, stürmen andere Matrosen herbei und befreien ihre Kameraden.

Braunschweig

Sieben Matrosen ziehen singend mit der Chansonnette Harfen-Agnes durch die Stadt: »Mensch sei helle, wenn's auch duster ist.« Es ist ein Lied, das die Künstlerin geschrieben hat und das jeder in der Stadt kennt. Den Matrosen und der Sängerin folgen Hunderte Menschen, die ebenfalls alle mitsingen. Als sie am prächtigen Kohlmarkt ankommen, klettert ein Matrose des Großen Kreuzers *Derfflinger* auf den großen Brunnen, hebt den Arm und zeichnet einen Kreis in die Luft. Was das soll, weiß er selbst nicht so recht. Dann hört er seine Stimme: »Kameraden, Arbeiter …« Momente der Stille, als wüsste er nicht weiter. Noch einmal holt er tief Luft und ruft von oben aus: »Kameraden, Arbeiter … wir marschieren jetzt nach dem Gefängnis … die Militärgefangenen befreien ... sie sollen als erste die Freiheit haben, die jetzt anbricht.« Jemand ruft: »Nieder mit Militarismus«, ein anderer »Nach dem Rennelberg«, und die Menge läuft, eine rote Fahne schwenkend, zur Haftanstalt auf dem Rennelberg. Erst als dort eine Handgranate explodiert, lässt der Direktor die politischen Gefangenen frei.

Magdeburg

Nicht nur in Kiel hat sich den Zeitungen zufolge ein Soldatenrat gebildet. Auch in Hamburg, Lübeck, Flensburg, Schwerin, Oldenburg, Bremen und Cuxhaven. In seinem Hotelzimmer sucht Harry Graf Kessler nach Metaphern, um zu beschreiben, wie sich die Aufstände über das Land ausbreiten. »Allmähliche Inbesitznahme, Ölfleck, durch die meuternden Matrosen von der Küste aus«, schreibt er in sein Tagebuch. »Sie isolieren Berlin, das bald nur noch eine Insel sein wird. Umgekehrt wie in Frankreich revolutioniert die Provinz die Hauptstadt, die See das Land. Vikinger Strategie. Vielleicht kommen wir so gegen unseren Willen an die Spitze des Sklavenaufstandes gegen England und das amerikanische Kapital. Liebknecht als Kriegsherr in diesem Endkampfe; die Flotte hat die Führung.« Auch wenn noch kein Blut geflossen sei, der Durst danach nehme bei einer Revolution stets mit der Zeit zu und steige mit den Anstrengungen, die es zum Aufbau einer neuen Ordnung brauche. Im Großen und Ganzen bleibt es heute in Magdeburg ruhig. Die Mannschaften grüßen weiterhin prompt und stramm. Nur am Nachmittag kommen zwölf Matrosen am Bahnhof an, die festgenommen werden sollen. Ein Oberst schreit in ein Abteil hinein, alle Matrosen sollten sitzen bleiben. Er zückt seine Waffe, schießt wild ins Innere und tötet einen Wachtmeister. Die Matrosen sind längst unerkannt durch die Absperrungen in die Stadt gelangt.

Kiel

Während Gustav Noske einstimmig zum Gouverneur bestimmt wird, übernimmt Lothar Popp den Vorsitz des Soldatenrates, dem sich Beamte, Offiziere und sogar ein Admiral unterordnen. Um den Kaiser zu verjagen, schickt Popp regelmäßig Matrosen ins ganze Land – nicht ahnend, dass Noske dann sofort in Berlin anruft, um der Regierung zu verraten, wann die Aufständischen ankommen müssten. Der Politiker selbst quartiert sich in den Räumen seines Vorgängers ein und erfreut sich an der Vorstellung, der erste Mann der Weltgeschichte zu sein, der das Kommando über 80 000 Soldaten hat, ohne je beim Militär gewesen zu sein. Für ihn werden die nächsten Tage anstrengend. Ständig verschwinden Waffen, Kleidung und Geschirr. Und ständig kommen Soldaten vorbei, die neue Stiefel oder Lebensmittelkarten haben wollen.

Berlin

Heute ist der Jahrestag der russischen Oktoberrevolution, den die Unabhängigen auf sechsundzwanzig Veranstaltungen feiern wollen. Doch alle Kundgebungen sind von der Regierung verboten worden. Stattdessen ziehen Militärpatrouillen durch die Straßen, und Soldaten besetzen die städtischen Betriebe und Rüstungsfabriken.

Im Garten der Reichskanzlei fallen welke Blätter von den alten Bäumen. Er wolle ins Hauptquartier nach Spa reisen, um Wilhelm II. zur Abdankung zu bewegen, erklärt Kanzler Prinz Max von Baden, während Friedrich Ebert neben ihm herspaziert. »Wenn es mir gelingt, den Kaiser zu überzeugen, habe ich Sie dann an meiner Seite im Kampf gegen die soziale Revolution?« Friedrich Ebert antwortet sofort: »Wenn der Kaiser nicht abdankt, ist die soziale Revolution unvermeidlich. Ich aber will sie nicht, ich hasse sie wie die Sünde.«

Wenig später droht Philipp Scheidemann in einer Kabinettssitzung: Sollte der Kaiser nicht bis morgen Mittag abgedankt haben, verlasse seine Partei die Regierung. Man habe alles getan, »um die Massen bei der Stange zu halten«.

Über die beiden Erklärungen ist Prinz Max von Baden beinah gerührt. Sie klingen weder trotzig noch drohend. Vielmehr scheinen die Sozialdemokraten zu fürchten, ihnen könnte die Macht entgleiten. Den Staat wollen sie seiner Meinung nach jedenfalls nicht an sich reißen. Als Friedrich Ebert gefragt wird, ob er Reichskanzler werden wolle, erwidert er ausweichend, so etwas stehe noch nicht fest – und das müsse erst noch diskutiert werden. Für eine Reise nach Spa verbleibt dem Kanzler jedoch keine Zeit mehr.

Köln

Der zweiundvierzigjährige Oberbürgermeister Konrad Adenauer will seine Stadt auf die kommenden Tage vorbereiten und nicht erst reagieren müssen, wenn die Dinge bereits passiert sind. Er mag so etwas grundsätzlich nicht. Er ist dafür bekannt, dass er weit vorausschaut. Diese Art der Politik hat ihm bereits einen Spitznamen eingebracht: Seit er tonnenweise Graupen einlagern ließ, um die Kölner bei einer Hungersnot versorgen zu können, wird er Graupenauer genannt. Nun will er alle Mittel einsetzen, um einen Aufstand zu unterdrücken – jedenfalls solange das aussichtsreich erscheint. Er hält die Deutschen für geduldig und autoritätsgläubig und deshalb auch nicht für sonderlich begabte Revolutionäre.

An diesem Morgen setzt sich Adenauer mit Gewerkschaftlern und Stadträten zusammen. Er schlägt der Runde vor, rasch eine Bürgerwehr zu formieren. Zudem sollten alle Parteien doch gefälligst einmal gemeinsam zu Ruhe und Ordnung aufrufen. Aber seine Forderungen werden abgelehnt. Eine Bürgerwehr könne einen Aufstand jetzt nicht mehr verhindern, sondern nur zu einem Bürgerkrieg führen. Dann unterzeichnet der Oberbürgermeister eben als Einziger seinen Aufruf.

Noch am Vormittag erhält Konrad Adenauer einen vertraulichen Telefonanruf: Matrosen sind in Zügen unterwegs nach Köln und werden am Nachmittag auf dem Hauptbahnhof eintreffen. Zusammen mit dem Sozialdemokraten Wilhelm Sollmann eilt er zum Gouverneur, der mehr als 60 000 Soldaten unter sich hat. Da sollte es ausreichend Militär geben, um die anrollende Anarchie zu verhindern. Vom Gouverneur fordert Adenauer, alle Züge stoppen zu lassen und die Matrosen noch vor ihrer Ankunft in Köln festzunehmen. Lustlos lässt sich der Gouverneur mit dem Präsidenten der Reichsbahn verbinden. Während des Telefonats trommelt er mit einem Bleistift auf dem Schreibtisch herum und gibt nicht viel mehr als »ja … ja … ja …« von sich. Es sei nicht viel zu machen: Die Reichsbahn bestehe auf Pünktlichkeit. Immerhin weist der Gouverneur die Bahnhofswachen an, niemanden mit roter Rosette, dem Erkennungszeichen der Matrosen, passieren zu lassen. Er schickt auch Soldaten zum Hauptbahnhof. Aber, so mahnen Adenauer und Sollmann einmütig: kein Blutbad und keine Maschinengewehre am Bahnhof.

Am frühen Nachmittag rollt ein Zug mit Matrosen in den Hauptbahnhof ein. Kurz vor der Ankunft verstecken die Männer ihre roten Rosetten in den Jackentaschen. So passieren unbemerkt rund zweihundert von ihnen die Absperrungen. In der Vorhalle schwenken sie rote Fahnen, bis sie von neugierigen Menschen schützend umringt sind. Einige Matrosen wollen sich Gehör verschaffen, aber kein Redner dringt mehr durch den Lärm. Überall grüßen sich Leute, schwatzen und johlen. Wilhelm Sollmann gelingt es gerade noch, sich in die Halle zu quetschen. Ein Matrose stellt sich ihm als Mitglied des Kieler Revolutionskomitees vor. Man wolle jetzt die politischen Gefangenen befreien. Jemand anderes, ebenfalls ein Kieler Matrose, prahlt mit seinen Taten. Seit zwei Tagen wiegele er in Köln alle möglichen Truppen gegen den Kaiser auf: Bereits jetzt freue sich ein Regiment auf die Revolution, zudem ein Ersatzbataillon und das Artilleriebataillon in der Hahnenstraße. Auch 150 Matrosen, die sich im Urlaub befänden, wüssten Bescheid.

Noch einmal berichtet Konrad Adenauer dem Gouverneur von Soldaten, die marschfähig seien und genug Munition besäßen. Doch der blafft knapp zurück: »Sehen Sie zu, wie Sie damit fertig werden.«

Spät am Abend versucht die Sozialistin Elfriede Bayley, sich durchs Bahnhofsportal zu zwängen. Ständig wird sie zurückgeschubst. Nur undeutlich hört sie, was Matrosen und Soldaten im Innern lauthals rufen: Schluss mit dem Krieg, fort mit dem Kaiser! Hin und wieder wollen auch Stadträte etwas sagen. Alles lärmt und pfeift, damit die Politiker nicht zu hören sind. Nur ein Unabhängiger darf kurz sprechen, nicht aber der Genosse Wilhelm Sollmann, obwohl er sich extra eine rote Schärpe umgehängt hat. Als es ihm doch einmal gelingt, sich auf einen erhöhten Platz zu stellen, wird er heruntergezerrt. Morgen früh gegen neun Uhr, so spricht sich herum, sollen alle auf den Neumarkt kommen.

In der Nacht ziehen Tausende Kölner zu den Arbeitersiedlungen, darunter viele Jungen und Mädchen. Unter ihren Jacken blitzen rote Abzeichen hervor. Angeführt von Matrosen und Soldaten, dringen sie in Gefängnisse ein, auch in eine Frauenhaftanstalt und in das berüchtigte Marinegefängnis in Wahn, wo Max Reichpietsch und Albin Köbis hingerichtet wurden. Hunderte Gefangene stürmen auf die Straßen und feiern jubelnd ihre Freiheit, darunter Mörder und Einbrecher. Man hatte die politischen Häftlinge zu ihnen in die Zelle gesperrt.

Breslau

Wie oft Rosa Luxemburg an diesem Tag wohl an die russische Oktoberrevolution denkt, die sich heute zum ersten Mal jährt? Sie liegt auf einer steinharten Matratze in ihrer dunklen Zelle im Frauengefängnis von Breslau. So ruhig ist es um sie herum, als läge sie in einem Grab. Abends zeichnet sich auf der Zellendecke immer das Licht einer Laterne ab, die vor dem Gefängnis die ganze Nacht hindurch brennt. Sie war dabei gewesen, als Karl Liebknecht im Sommer vor zwei Jahren auf dem Potsdamer Platz für Frieden demonstriert hatte. Anschließend wurde sie zu einer militärischen Sicherheitshaft verurteilt. Immerhin darf sie von Freunden besucht werden.

Anfangs ließ man Rosa Luxemburg sogar mit einer Bekannten im Wald außerhalb des Gefängnisses spazieren gehen. Mittlerweile ist selbst ihre Korrespondenz eingeschränkt worden, weil sie zu umfangreich sei. Und ihre Besucher darf sie nur mehr im Beisein zweier Aufseherinnen sprechen. So lassen sich nicht einmal mehr heimlich Briefe austauschen. Diese ständige Beobachtung erträgt sie kaum noch. Das hat sie kürzlich auch dem Reichskanzler geschrieben, aber bisher keine Antwort erhalten.

Wenigstens verfügt sie über zwei Räume und ist von ihren Büchern umgeben. Zu ihren liebsten Autorinnen zählt Ricarda Huch (die seit Kurzem wieder in München lebt und über den heutigen Tag urteilt: »Alles, was jetzt untergeht, muss zweifelsohne untergehen, und es ist gut, dass etwas Neues kommt; das hindert aber nicht, dass dies alles furchtbar schmerzlich ist«). Luxemburg hat eine Menge von Huch gelesen. »Eine äußerst gescheite und intelligente Person«, schrieb sie einmal in einem Brief. »Nur kommt mir ihr so sehr ausgeblichener, zurückhaltender, beherrschter Stil etwas gemacht vor, ihre Klassizität mutet mich etwas pseudoklassisch, absichtlich an. Wer innerlich wirklich reich und frei ist, kann sich doch jederzeit natürlich geben und von seiner Leidenschaft mitfortreißen lassen, ohne sich untreu zu werden.« Entschieden lehnt sie die Liebesgedichte der Schriftstellerin ab: »Weibliche Erotik en public ist mir seit jeher peinlich.« Dementsprechend hochgeschlossen gibt sich Luxemburg bei ihren öffentlichen Auftritten. Ihre Kleider reichen fast bis zum Boden, die Blusen sind sittsam zugeknöpft, und gern trägt sie einen Hut mit breiter Krempe.

In ihrer Isolation, die bereits zwei Jahre und vier Monate andauert, denkt Rosa Luxemburg viel über die Psyche der Menschen nach. Wie das ewige Meer, so formulierte sie vergangenes Jahr, berge die Psyche der Massen in sich stets »alle latenten Möglichkeiten: tödliche Windstille und brausenden Sturm, niedrigste Feigheit und wildesten Heroismus. Die Masse ist stets das, was sie nach den Zeitumständen sein muss, und sie ist stets auf dem Sprunge, etwas total anderes zu werden, als sie scheint.«

Vom Aufruhr der Matrosen ist bisher nichts zu ihr durchgedrungen. Doch ahnt sie, dass draußen etwas beständig gärt. Und wirklich, die ersten »Sturmvögel der Revolution«, wie sie die Matrosen nennen wird, sind in diesen Stunden auf dem Weg nach Breslau. »Ich erwarte noch viel Großes in den nächsten Jahren, nur möchte ich die Weltgeschichte nicht bloß durch das Gitter bewundern.« Sie wolle eingreifen und mit allen zehn Fingern auf dem Weltklavier spielen.

Von der russischen Februarrevolution, mehr noch als von jener im Oktober, ist sie berauscht. Ihre Gedanken dazu schrieb sie in einem Schulheft auf, siebenunddreißig Seiten mit Bleistift, einundsiebzig mit Tinte. In einem anderen Text notierte sie: »Die herrlichen Dinge in Russland wirken auf mich wie Lebenselixier.« Im Sommer las sie allerdings, dass die Bolschewisten zweihundert linke Sozialrevolutionäre als Putschisten hingerichtet haben. Seither ist sie überzeugt, dass sich Lenin völlig in den Mitteln vergreife. Sie lehnt jedenfalls Dekrete, Fabrikaufseher, drakonische Strafen und Schreckensherrschaft ab. »Ohne allgemeine Wahlen, ungehemmte Presse- und Versammlungsfreiheit, freien Meinungskampf erstirbt das Leben in jeder öffentlichen Institution, wird zum Scheinleben, in dem die Bürokratie allein das tätige Element bleibt.«

Gleichwohl hofft Rosa Luxemburg auf weitere Revolutionen, vor allem in Deutschland. Und fürchtet sich zugleich davor. »Eher kann ich mir – in Deutschland noch Judenpogrome vorstellen«, urteilt sie. »Jedenfalls herrscht die dazu passende Atmosphäre der Niedertracht, Feigheit, Reaktion und des Stumpfsinns.« Dann wieder stellt sie sich vor, wie der ganze moralische Schlamm, das große Irrenhaus wie von einem Zauberstab in Luft aufgelöst werde, als wäre alles Furchtbare nie da gewesen.

München

»Heute ist der Tag des Schicksals und des Volksgerichts«, titelt die sozialdemokratische *Münchener Post*. Erhard Auer legt das Blatt genervt zur Seite. Als Vorsitzender der bayerischen Sozialdemokraten versucht er seit Tagen, seine Gefolgsleute und die Regierung zu beruhigen. Erst gestern musste er den Vorsitzenden des Ministerrates beschwichtigen. »Reden Sie doch nicht immer von Eisner«, sagte Auer, »Eisner ist erledigt. Sie dürfen sich darauf verlassen. Wir haben unsere Leute in der Hand. Ich gehe selbst mit dem Zug. Es geschieht gar nichts.«

Am Morgen verspricht er seinen Genossen: »Eisner wird heute Nachmittag an die Wand gedrückt werden.« Niemand will ihm glauben. – Denn letzte Nacht wusste doch sogar der Oberkellner im Odeonkasino, dass Eisner auf der Theresienwiese ein großes Ding plant. Munter plauderte der Kellner so lange Details aus, bis man den Innenminister darüber informierte.

Noch am Vormittag treffen sich Erhard Auer und Kurt Eisner im Gewerkschaftshaus. Es geht um letzte Absprachen. Die erste gemeinsame Kundgebung von Sozialdemokraten und Unabhängigen soll glatt verlaufen. Auer schlägt vor, auf der Theresienwiese eine Resolution zu verabschieden. Er wolle die einzelnen Punkte in einer kurzen Rede vortragen. Ohnehin würde die Versammlung nur eine Viertelstunde dauern. Dann beginne bereits die Demonstration durch die Stadt. Eisner ist mit allem einverstanden – und behauptet, dass er selbst nichts plant, was nicht abgesprochen ist.

Es ist ein milder Herbsttag, als Ludwig III. die Residenz verlässt. Wie jeden Tag macht er sich auf zum Spaziergang am Eisbach entlang durch den Englischen Garten. Dieses Vergnügen will er sich nicht nehmen lassen, wenn auch seine Berater heute versucht haben, ihn davon abzubringen. Gewarnt haben sie ihn, das Volk werde sich auf der Theresienwiese versammeln. Und dass es ihm nicht mehr wohlgesinnt sei. Er kennt das Gerede und weiß es ja selbst. Als er vor einigen Tagen an einer Kaserne vorbeiging, streckten Soldaten ihre Köpfe aus den Fenstern und pfiffen ihn aus. Er ist noch nicht weit spaziert, als er bemerkt, wie Passanten ihn schräg anstarren. Manch einer schimpft sogar auf ihn, den König. Wie weit ist es nur gekommen? Plötzlich tritt ein Arbeiter auf ihn zu und meint: »Majestät, schaug'n S, dass hoamkumma, sunst is's g'fehlt aa!« Ludwig eilt nun doch lieber zurück zur Residenz, wo inzwischen eine Menge Volk vor den Toren ausharrt. Um sich nicht einen Weg durch die Menschenmenge bahnen zu müssen, wendet er sich um, läuft hurtig durch den Hofgarten, muss wie ein Bediensteter ans Apothekertor klopfen – und wird eingelassen. Die königliche Familie, der er von seinen Erlebnissen erzählt, wird sich in den nächsten Stunden nicht mehr beruhigen.

★

Am Nachmittag trifft der Schriftsteller Oskar Maria Graf am Bahnhof auf Zehntausende Gleichgesinnte. Alle wollen sie zur Theresienwiese. Mit den Massen drängt er sich durch die Straßen. Einige reißen amtliche Bekanntmachungen, die zur Ruhe aufrufen, und Plakate der Polizei von den Wänden. Nirgends sind Schutzmänner zu sehen. Stattdessen rufen Soldaten den Menschen zu, sie bräuchten sich nicht fürchten. Niemand werde einen Schießbefehl befolgen. Oskar Maria Graf hört Rufe wie »Nieder!« und »Hoch!« und sieht rote Fahnen im kühlen Novemberwind flattern. Er selbst war an der Ostfront gewesen und hatte in einer Eisenbahnertruppe gedient, nebenher Erzählungen veröffentlicht und wurde nach einer Befehlsverweigerung in eine Irrenanstalt gesperrt. Immer heftiger wird das Gedränge, je näher man der Theresienwiese kommt. Auch die Ärztin Rahel Straus, die sich für Frauenrechte einsetzt, hat es nicht zu Hause gehalten. Sie musste sich allerdings allein aufmachen, weil ihr Mann krank im Bett liegt.

Um halb drei füllt sich die Theresienwiese. Anfangs stehen nur ein paar Gruppen zwischen dem alten Schützenhaus und der Ruhmeshalle. »Wie einzelne Bienenschwärme, um rote Sowjetfahnen – die ersten, die ich in meinem Leben sah – geschart, alle Köpfe nach innen gewandt«, erinnert sich der Historiker Karl Alexander von Müller später. Er sieht zahllose feldgraue Soldaten und etliche Matrosen. Gespannte Gesichter überall. Redner beschwören von Tischen und Stühlen herab ihre Leute. Langsam tauchen in

Reih und Glied die Züge der Gewerkschaften und der Sozialdemokraten auf. Ordner weisen den Menschen ihre Plätze zu. Doch die Anweisungen werden zunehmend ignoriert. Bald will sich niemand mehr an ihre Vorgaben halten. Weit mehr als 100 000 Menschen sammeln sich im milden Herbstlicht auf der Wies'n. Viele haben rote Fahnen mitgebracht. Soldaten stehen um ein Plakat herum, auf dem »Hoch die Revolution!« steht. Sie haben sich bereits die Reichskokarden von den Mützen gerissen.

Es ist kurz nach drei Uhr. Im Landtag beginnt gerade eine Debatte über die Versorgung mit Kartoffeln, als sich am Hang an der Theresienwiese an die zwei Dutzend Redner postieren, immer im Abstand von fünfzig Metern. Weit im Norden der Wies'n erscheint Kurt Eisner. Auf ein Zeichen hin beginnen alle Ansprachen. Die Redner müssen laut sprechen, brüllen. Nur so lassen sich die Menschen erreichen. Von der großen Freitreppe vor der Bavaria verliest der Sozialdemokrat Erhard Auer ein Programm: Wer Not leidet, soll Fürsorge erhalten, der Arbeitstag soll acht Stunden betragen, und die amerikanischen Waffenstillstandsbedingungen sind zu akzeptieren. Auer stellt noch mehr Forderungen als die Matrosen in Kiel: Alle Verfassungsartikel, ruft er, die der Freiheit des Volkes entgegenstehen, sollen beseitigt, das Reich zu einer Demokratie umgebaut und reaktionäre Beamte rausgeworfen werden. Der Kaiser muss abtreten, der Thronfolger verzichten. Nur den bayerischen König erwähnt der Niederbayer nicht. Dann erfolgt die Abstimmung über diese Resolution. Zahllose Menschen heben ihre Hände in die Luft.

Gleich wird sich Erhard Auer mit den Massen zu einem geordneten Protestzug aufmachen, von der Theresienwiese aus zum Bahnhof laufen, weiter über den Odeonsplatz, an der Residenz vorbei bis zum Maxmonument nahe der Isar. Ein Musikkorps stellt sich schon auf, um gleich vorneweg zu marschieren.

Unterdessen spricht Kurt Eisner zu seinen Anhängern, die sich um eine rote Fahne herum versammelt haben. Jahrelang sei geredet worden, ruft Eisner, jetzt müsse man handeln! Nach ihm spricht sein Verbündeter, der blinde Bauernführer Ludwig Gandorfer. Er ruft den Menschen zu, dass die Bauern die Arbeiter unterstützen werden – auch Rahel Straus steht unten und sieht nun einen Mann in Uniform vortreten: Felix Fechenbach schwenkt eine rote Fahne und brüllt, so laut er kann, dass viele Soldaten in den Kasernen zurückgehalten würden. Seine Faust emporstreckend, schreit er: »Soldaten! Auf in die Kasernen! Befreien wir unsere Kameraden! Es lebe die Revolution!« Im Nu rennen Hunderte den Hügel hinauf und folgen Fechenbach zur Straße. Kurt Eisner läuft mit breitkrempigem Hut und wehendem Mantel voran, Arm in Arm mit Ludwig Gandorfer. Immerhin zweitausend Menschen folgen ihnen zur nahen Kaserne in der Kazmairstraße. Minuten später dringen sie in die Gebäude ein, befreien Gefangene und nehmen den Offizieren die Waffen weg. Weitere Soldaten schließen sich dem Zug an.

Jetzt geht es zur Guldeinschule, wo die Landstürmer untergebracht sind. Weil das Tor nicht geöffnet wird, steigt Felix Fechenbach durch ein Fenster ins Innere, um mit dem Befehlshaber zu verhandeln. Als nach fünf Minuten noch immer nichts geschehen ist, wird das Tor von außen aufgesprengt. Ausgerüstet mit Waffen und Munition, laufen die Soldaten zu den Demonstranten über. Auch an der großen Kaserne auf dem Marsfeld, deren Truppen in Kampfbereitschaft versetzt worden sind, widersetzen sich die Soldaten dem Befehl ihres Kommandeurs. Immer mächtiger und länger wird Kurt Eisners Zug. An jeder Kaserne werden Fenster zertrümmert und Schilderhäuschen demoliert. Nach und nach laufen alle Truppen in München, der zweitgrößten Garnison im Reich, zu ihm über.

Nur an der Türkenkaserne, wo die königliche Leibgarde stationiert ist, werfen die Soldaten aus dem Innern mit Granaten. Tränengas wabert in der Luft. Eine Frau, Zenzl Mühsam, klettert auf das Verdeck eines Autos, schwingt eine rote Fahne und brüllt: »Hoch der Friede und die Revolution!« Und ihr Mann Erich Mühsam erklärt die Wittelsbacher für abgesetzt und ruft eine freie bayerische Räterepublik aus. Da krachen die Tore auf, und die Soldaten rennen aus der Kaserne auf die Straße, werfen ihre Patronen fort und übergeben ihre Gewehre den Revolutionären. Auf Schultern wird Erich Mühsam durch die Stadt getragen. Singend folgen die Menschen, was Marta Feuchtwanger als »eine Art Karneval« erlebt.

Nicht weit von ihr entfernt lässt sich auch Rahel Straus in der Stadt treiben und kann kaum glauben, was sie erlebt. Auf den Straßen laufen Soldaten umher, die eben noch unter strengster Militärgewalt standen. Keiner befielt mehr, keiner dirigiert; sie sieht eine Metropole voller unruhiger Menschen, die wissen, es habe etwas zu geschehen, aber nicht wissen, was. Und da die Münchner ein lustiges, derbes Volk seien, so wirkt es auf Rahel Straus wie ein Faschingsrummel, ohne Ernst dahinter. Wie seltsam sich die Welt doch auf einmal präsentiert!

Irgendwo auf dem Weg von Kaserne zu Kaserne hat Oskar Maria Graf den Demonstrationszug verlassen. Hungrig sucht er mit Freunden eine Wirtsstube auf. Überall sitzen Gäste, die sich nicht darum kümmern, was draußen vor sich geht. »Wally, an Schweinshaxn!«, ruft ein beleibter Mann mit rundem Gesicht einer Kellnerin zu. Niemand schert sich um den Schriftsteller und seine Freunde, die rasch ein Bier trinken und eine Wurst essen. Oskar Maria Graf horcht, ob nicht irgendjemand ein Wort über den Aufstand verliert. »Nichts, gar nichts von alledem!« Als sie vor das Wirtshaus treten, sind die Massen weitergezogen, und es ist wieder ruhig. Sie eilen weiter und erfahren, dass im Bierlokal Mathäserbräu am Stachus die Wahlen zum Arbeiter- und Soldatenrat stattfinden. Weil keine Trambahnen mehr fahren, müssen sich Graf und seine Freunde beeilen und links und rechts an Passanten vorbeispringen.

Als der Zug mit Erhard Auer an der Spitze an der Residenz vorbei-
zieht, beobachtet ein junger Soldat namens Thomas Dehler, wie
der alte Staat zerbricht. Vor seinen Augen werfen die königlichen
Wachen ihre Gewehre fort und schließen sich der Menge an. »Teils
unwillig, teils hingezogen vom Strom dieses Zuges«, beobachtet
er. Ohnmächtig fällt eine jahrhundertealte Ordnung in sich zusammen. Der zwanzigjährige Dehler ist erschüttert, aber anders
als viele Zeitgenossen wird er daraus nicht den Schluss ziehen,
sich einem Freikorps anzuschließen und gegen den neuen Staat
zu kämpfen. Vielmehr wird er Mitglied der Deutschen Demokratischen Partei, die vehement die Weimarer Republik verteidigt –
noch viel später, nach dem Zweiten Weltkrieg, wird er zum Vorsitzenden der Freien Demokratischen Partei gewählt werden.

Um neunzehn Uhr erklärt der bayerische Kriegsminister Philipp
von Hellingrath im Ministerrat, dass sich der Aufstand nicht mehr
niederschlagen lasse. Kein Soldat folge mehr seinen Befehlen.
Nur eine preußische Division, die nahe München stationiert sei,
könnte die Revolution – eventuell – noch eindämmen. Er macht
sich auf und wird die ganze Nacht unterwegs sein.

★

Ungefähr zu gleicher Zeit fahren Lastautos voller Waffen zum
Mathäserbräu am Stachus, wo Kurt Eisner inzwischen angekommen ist. Das Bierlokal liegt perfekt. Von dort aus ist es nicht weit
bis zum Hauptbahnhof, zum Wittelsbacher Palais, zum Landtag
und zum Polizeipräsidium. Im Lokal drängen sich Arbeiter und
Abendgäste dicht zusammen. Tausend Menschen erheben ihren
Arm und wählen Kurt Eisner zum Vorsitzenden des Arbeiterrats.

Inmitten dieses Gedränges erteilt er erste Aufträge an Soldaten: den Bahnhof besetzen, ebenso das Telegrafenamt, alle Ministerien sowie das Generalkommando und später – was er selbst ganz vergessen hatte – auch das Polizeipräsidium. Kaum haben die Soldaten ihre Befehle erhalten, springen sie auf die Lastwagen und fahren hinüber zu den Ministerien und öffentlichen Gebäuden, wo seit Stunden niemand mehr arbeitet. Sie übernehmen auch Zeitungen und stellen Posten auf, um an den Kreuzungen den Verkehr zu regeln.

Katia und Thomas Mann spazieren derweil zu einem Konzert in die Tonhalle. Unterwegs sehen sie Menschen, die rote Fahnen schwenken. Ein Soldat steht gar auf den Schultern eines Kameraden, um Reden zu halten. Hier und dort ruft jemand: »Nieder mit der Dynastie!« oder auch »Republik«. Der Schriftsteller denkt sich nur: »Albernes Pack.« Gleichwohl ist es ungewohnt still, denn die Trambahnen fahren nicht. Ohnehin ist heute manches anders als sonst. Man wartete vergeblich auf die Zeitung, Läden blieben geschlossen.

In der Tonhalle sitzen Katia und Thomas Mann oben in der Galerie, wo es ihnen jedoch bald zu sehr zieht. Sie hören Stücke von Haydn und Schumann, ein paar schöne Lieder von Pfitzner und Brahms. »Aber die Sängerin kümmerlich.« Anschließend werden die beiden zum Abendessen ins Haus eines Komponisten eingeladen. Auf dem Weg dorthin sprechen sie viel über Politik. Nur einmal hält Thomas Mann inne, um zu den Sternen aufzuschauen. »Das Ewige stimmt quietistisch«, denkt er bei sich. »Das Menschliche ist dem Politischen im Grunde fremd.« Zum Abendessen trinkt der Schriftsteller zwei Gläser Punsch.

Unterdessen bereitet sich die bayerische Königsfamilie auf ihre Flucht vor. Mit dem Vorsitzenden des Ministerrates und dem Innenminister haben sie besprochen, sich in Schloss Wildenwart im Chiemgau einzuquartieren. Zumindest für einige Zeit, bis sich alles beruhigt hat. Zu allem Überfluss diagnostiziert der Leibarzt noch eine fieberhafte Erkältung der Königin. Als man den ersten Chauffeur rufen lässt, hat dieser bereits seinen Dienst quittiert. Dafür eilt der zweite Chauffeur direkt in die Garage. Ein alter Garderobier hilft dem König in den edlen, mit Opossum gefütterten Jägermantel und reicht ihm den Hut. Ludwig greift sich eine Schachtel Zigarren, vergisst aber seine Unterwäsche. Gegen halb elf Uhr am Abend wird er langsam im Auto aus der Residenzstadt heraus durch nebelige Landschaften in Richtung Alpen gefahren. Mit im Wagen sitzen die Königin, die Töchter Helmtrud, Hildegard, Gundelinde und Wiltrud, ferner eine Baronin und eine Kammerfrau. 738 Jahre lang haben die Wittelsbacher über das Land regiert, 678 Jahre die Stadtherrschaft ausgeübt. Nie zuvor ist ein deutscher Monarch von seinem Volk gestürzt worden. Schon in wenigen Tagen wird in den bayerischen Kirchen die Fürbitte für den König verstummen, in vielen Zeitungen das »von« in den Adelsnamen weggelassen und aus vielen Läden das Schild »Hoflieferant« verschwinden. – Es sind ähnliche Reaktionen wie zu Beginn des Krieges, als man in München französischsprachige Firmenschilder abriss und das Hotel Englischer Hof vorsichtshalber umbenannte, weil manch einer dort britische Spione vermutet hatte.

Spa

Wilhelm II. nimmt Schlafmittel. Sonst würde er sich stundenlang im Bett herumwälzen, über alles grübeln und nicht einschlafen. »Mittlerweile haben wir den blühenden Bolschewismus in Deutschland«, notiert sein Adjutant. »Ausgangspunkt und Seele dieses Terrors ist unsere Marine.« Noch hoffe Wilhelm, die Sache wieder hinzukriegen. Während der Kaiser in den Schlaf sinkt, passiert der Zentrumspolitiker Matthias Erzberger die feindlichen Linien, um mit Marschall Ferdinand Foch, dem Oberbefehlshaber der Entente, über einen Waffenstillstand zu sprechen.

München

Während der bayerische König aus der Residenzstadt chauffiert wird, steht Kurt Eisner mit seinen Gefolgsleuten und sechzig Bewaffneten vor dem Landtag in der Prannerstraße. Sie wecken den verblüfften Pförtner, nehmen ihm den Schlüsselbund ab und öffnen die große Tür zum Sitzungssaal. Arbeiter, Soldaten, Bauern und etliche Damen mit roten Schirmen in der Hand laufen in den Plenarsaal und setzen sich an die Pulte der Abgeordneten. Kurt Eisner ergreift die Glocke auf dem Präsidentenpult, lässt sie erklingen und hält eine Rede, an die sich seine Zuhörer noch Tage später genau erinnern. »Die bayerische Revolution hat gesiegt«, beginnt er. Statt sich wie üblich in seinen Gedanken zu verzetteln, redet er ungewöhnlich sicher, stringent und feurig. Nach rund zwanzig Minuten endet er: »Wir haben die Republik, den Freien Volksstaat Bayern ausgerufen. Jetzt müssen wir zur Bildung einer Regierung fortschreiten. Wir müssen Wahlen vornehmen. Der, der in diesem Augenblick zu Ihnen spricht, setzt Ihr Einverständnis voraus, dass er als provisorischer Ministerpräsident fungiert.« Alle klatschen, und damit ist Kurt Eisner der erste bayerische Ministerpräsident.

Die Luft ist feuchtkalt, und am Himmel leuchten die Sterne, als Thomas und Katia Mann zurück zu ihrer prachtvoll weißen Villa am Isarhochufer spazieren. Der Schriftsteller nimmt eine sonderbare, zweideutig-ungewisse Stimmung wahr. »Revolutionär, aber friedlich und festlich.« Noch jetzt, um Mitternacht, hört er fortwährend Schüsse und Feuerwerk. Als begingen die Menschen den Anbruch einer neuen Zeit.

Erhard Auer tobt und fühlt sich betrogen. So oft ist er als »königlich-bayrischer Sozialdemokrat« von Eisners Leuten verspottet worden. Aber jetzt sind sie zu weit gegangen. Sie haben sich nicht an die Absprachen gehalten und sind offenbar größenwahnsinnig geworden. Gegen Mitternacht drängt Auer den amtierenden bayerischen Innenminister, sofort gegen Eisner einzuschreiten. Wenn sein politischer Rivale jetzt unterdrückt werde, dann sei ihm das persönlich ganz recht. Dies müsse noch in dieser Nacht erfolgen. Sonst sei es zu spät. Doch selbst der königliche Kriegsminister kann nichts mehr unternehmen. Ihm fehlen loyale Truppen.

★

Bis tief in die Nacht debattiert Kurt Eisner im Landtag und verfasst noch einen Aufruf. Darin wird der Zwist der beiden sozialdemokratischen Parteien in Bayern für beendet erklärt. Fortan soll zwischen Sozialdemokraten und Unabhängigen wieder Eintracht herrschen. Die Proklamation erscheint bereits in ein paar Stunden in den *Neuesten Münchner Nachrichten*, deren Redaktion in dieser Nacht von Soldaten okkupiert ist – ehe man sich schon morgen wieder auf die Pressefreiheit besinnen wird. Eine dauerhafte Besetzung von Zeitungen ist mit dem langjährigen Journalisten Eisner nicht zu machen.

Gegen zwei Uhr taucht ein junger Artillerieoffizier im Landtag auf und bietet Kurt Eisner den Schutz seiner Truppe an: achthundert Mann, zwanzig Maschinengewehre und ein paar Haubitzen. »Schaffen Sie alles her«, sagt der neue Ministerpräsident, »und postieren Sie Ihre Leute mit den Geschützen vor dem Landtag.« Erst gegen drei Uhr wird es dort still. In einem Fraktionszimmer legt sich Eisner auf ein rotes Plüschsofa und erklärt seinen Genossen: »Ist es nicht etwas Wunderbares, wir haben eine Revolution gemacht, ohne einen Tropfen Blut zu vergießen! So etwas gab es noch nicht in der Geschichte.« Schließlich schlummert er ein, für eine Stunde.

Ob Oswald Spengler noch zornig fluchend durch seine Wohnung in der Agnesstraße 54 in Schwabing streift? Jahrelang hat er am *Untergang des Abendlandes* geschrieben, dessen erster Band vor einigen Wochen veröffentlicht wurde. Aber mit dem Untergang des alten Bayerns hadert dieser Prophet des Verfalls wie kaum jemand sonst. Die Revolution hat er zum Teil aus der Nähe erlebt. Widerliche Szenen, findet er. Beinahe wäre er vor Ekel erstickt. Er wird sich nur langsam beruhigen. – Einen Monat später, Mitte Dezember, ist sein Buch zwar noch immer nirgends besprochen worden, aber das Werk findet seine Leser. Etwa um diese Zeit wird er auch beginnen, sonderbar frohlockend in eine Zukunft zu blicken, die er sich blutrünstig ausmalt. »Ich sehe in der Revolution ein Mittel, das uns nützen kann, wenn diejenigen, welche für die Gestaltung unserer Zukunft in Betracht kommen, sie zu nützen verstehen«, schreibt er dann einem Bekannten und ist sich gewiss: »Sie ist, wie jede Revolution, von den Kreisen ausgegangen, die ihre Opfer sein werden: denn die intellektuellen Urheber sind die Linksradikalen, *Frankfurter Zeitung* und *Berliner Tageblatt*, Erzberger und Scheidemann, die seit 1916 – so lange sind wir schon in einer Revolution – die Staatsautorität so lange unterwühlt haben, bis sie unter einem Hauch widerstandslos zusammenbrach.« Und er wähnt sich als Prophet: »Ich sehe voraus, dass das altpreußische Element mit seinem ungeheuren Schatz an Disziplin, Organisationskraft und Energie hier die Führung übernehmen wird und dass der anständige Teil der Arbeiterschaft ihm zur Verfügung steht gegen den Anarchismus, in dem die Spartakusgruppe mit dem Linksliberalismus der Judenzeitungen, Winkelliteratur, Börsianer und Doktrinäre merkwürdig verwandt ist.« All das brauche Zeit, Züchtigung und Terror – bis eine solche Empörung und Verzweiflung angesammelt sei, dass »eine Diktatur, irgend etwas Napoleonisches, allgemein als Erlösung empfunden wird«. Dann müsse Blut fließen, je mehr, desto besser. »Eine lächerliche Nachgiebigkeit in Form von Mehrheitsregierungen und Duldung aller Meinungen, wie sie unsere lächerlichen Literaten von der Nationalversammlung erträumen, ist gar nicht möglich. Erst Gewalt, dann Aufbau, und zwar nicht durch den politischen Dilettantismus von Mehrheiten, sondern durch die überlegene Taktik weniger, die für Politik geboren und berufen sind.« Ende Dezember wird er vorhersehen, dass die Epoche des Weltkrieges nur in ein neues Stadium getreten und noch längst nicht abgeschlossen ist. »Es wird sich erst noch zeigen, wer lebensfähig aus ihr hervorgeht.« Oswald Spengler lechzt nach Blut. Dass im Krieg mehr als zehn Millionen Soldaten und neun Millionen Zivilisten umgekommen sind, reicht ihm nicht. Er will mehr.

Leipzig

»Das ist doch kaum glaublich, das ist doch mehr eine Operette«, brüllt der Chefredakteur der *Leipziger Volkszeitung* und rennt verzückt in die Räume der Politikredaktion. Während er mit einem Telegramm in der Hand wedelt, schauen seine Kollegen irritiert auf. »Stellt euch vor, Revolution in Bayern, der König geflohen und Kurt Eisner Ministerpräsident.« Noch einmal lacht er laut auf, schüttelt sich und fährt fort: »Eine Schlawinerregierung in München, denkt euch, Schwabing regiert!« Das wird heute die Hauptnachricht der Zeitung.

Als die Ausgabe der *Leipziger Volkszeitung* um zwei Uhr nachmittags in Druck geht und viele Kollegen bereits auf dem Weg nach Hause sind, steht plötzlich der Redaktionssekretär vor dem Schreibtisch des jungen Journalisten Curt Geyer. Er müsse sofort ans Telefon kommen. Geyer hastet durch den Raum zum einzigen Apparat. Am anderen Ende ist die aufgeregte Stimme einer Bekannten zu hören, die als Telefonistin im Hauptpostamt arbeitet. Sie flüstert: »Seien Sie ganz still, hören Sie gut zu.«

Und dann hört er, wie sie den Oberbürgermeister und den General miteinander verbindet. Der Journalist notiert jedes Wort. »Herr General, eben zieht eine Abteilung revolutionärer Matrosen mit roter Fahne vom Hauptbahnhof durch die innere Stadt, offenbar um das Rathaus zu besetzen. Was soll ich tun?« – »Herr Oberbürgermeister, Sie haben doch Ihre Schutzmannschaft.« – »Herr General, Sie wissen doch ebenso gut wie ich, dass ich mich darauf nicht verlassen kann. Ich ersuche Sie deshalb, mir militärische Hilfe zu schicken.« – »Herr Oberbürgermeister, das kann ich leider nicht, denn Sie wissen, dass ich nach den neuesten Anweisungen nur auf direkte Anweisung der Landesregierung handeln kann. Im Übrigen kann ich mich auf die Garnisonstruppen ebenso wenig verlassen wie Sie sich auf Ihre Schutzleute, Sie kennen doch die Situation.« – »Aber was kann ich denn tun, Herr General?« – »Ich kann Ihnen nicht raten, was Sie tun sollen, Herr Oberbürgermeister, Sie müssen Ihre eigenen Entschlüsse fassen und sehen, wie Sie sich durch die Situation hindurchfinden.«

Curt Geyer benachrichtigt sofort seine Parteifreunde von den Unabhängigen und macht sich auf zum Volkshaus im Süden der Stadt, in dem sich üblicherweise die Gewerkschaften treffen. Unterwegs sieht er unzählige Menschen auf den Straßen und bereits eine rote Fahne am Neuen Rathaus. Er erfährt, dass rund hundert Soldaten am Hauptbahnhof beschlossen haben, nicht mehr an die Front zurückzukehren – und sich stattdessen zum Volkshaus aufgemacht haben. Als Curt Geyer dort ankommt, trifft er seinen Parteifreund Richard Lipinski. Der hat eben eine knackige Rede gehalten und konnte noch immer nicht recht glauben, was er da gerade erlebt hat. Seine Partei hatte doch erst für den 10. November zu Versammlungen aufgerufen. Mittlerweile sind Hunderte Soldaten weitergelaufen, zu den Massenquartieren im Süden der Stadt, nach Connewitz. Sie sammeln ihre Kameraden ein, bewaffnen sich mit Pistolen und fahren in Straßenbahnen wieder zurück zum Volkshaus.

Am Nachmittag sitzen Richard Lipinski und Curt Geyer mit Parteifreunden im Volkshaus zusammen. In einem kleinen, schlecht beleuchteten Raum arbeiten die Unabhängigen nüchtern ihre Tagesordnungspunkte ab und bestimmen einen Arbeiterrat mit Lipinski als Vorsitzendem, obwohl der eigentlich als Verleger gutes Geld verdient. Nüchtern geht es zur Sache – bis ein Dreißigjähriger mit kühnem Bart und wirrem, dunklem Schopf eintritt. Er trägt eine graue Uniform, darüber eine breite rote Schärpe und an der Seite einen Kavallerieschleppsäbel: Es ist der Vorsitzende des Soldatenrats. Gemeinsam beschließen sie, die politische Polizei aufzulösen, einen neuen Polizeidirektor einzusetzen und das Generalkommando dem Soldatenrat zu unterstellen. Sie garantieren Pressefreiheit und ordnen an, dass die Besetzung der *Leipziger Neuesten Nachrichten* sofort beendet wird. Und sie entscheiden, dass die geheimen Dossiers der Polizeidirektion auszuliefern sind. – Curt Geyer wird über den Umfang seiner Personalakte überrascht sein. An persönlichen Dingen ist jedoch nur vermerkt, er wolle sich mit einem Fräulein verloben. Dass sich diese Liebe längst erledigt hatte, war den Spitzeln entgangen.

Im Laufe des Tages taucht der Matrose Otto Franz in Leipzig auf. Er hat die Meuterei in Kiel miterlebt und ist gestern mit Kameraden im Panzerzug kreuz und quer durch das Land gereist. Als sie in München ankamen, hingen überall schon rote Fahnen. Zusammen mit Freunden machte sich Otto Franz deshalb in seine Heimatstadt Leipzig auf. Hier erfährt er nun, dass in der Ulanenkaserne noch immer die schwarz-weiß-rote Flagge weht. Sie liegt im Norden der Stadt, wo er zu Hause ist. Mit einigen Matrosen übersteigt er in der Dunkelheit die eiserne Umzäunung, überrumpelt die Wache und betritt mit gezücktem Revolver das Offizierskasino, wo man ihn stumm und starr anglotzt. In wenigen Tagen wird Otto Franz fünfhundert Leipziger Matrosen anführen. Sie werden in der Stadt patrouillieren und einen Flugplatz sichern.

Compiègne

Mit Gefolge trifft Matthias Erzberger um zehn Uhr den alliierten Oberbefehlshaber in der nordfranzösischen Stadt Compiègne. Man wünsche, sagt Erzberger, Vorschläge über einen Waffenstillstand zu erhalten. »Ich habe keine Vorschläge zu machen«, entgegnet der französische Marschall Ferdinand Foch und überreicht eine fertige Liste von Bedingungen, die zwischen den Staatschefs der Alliierten ausgehandelt worden sind. In den nächsten zweiundsiebzig Stunden muss sich die deutsche Regierung entscheiden: ja oder nein.

Wilhelmshaven

Nun ist sie da! Der Matrose Richard Stumpf vernimmt am Morgen das erste Rauschen ihrer Flügel, wie er es beschreibt. Die Revolution kommt blitzschnell, fast unerwartet, mit einem Schlage ist sie da und hält ihn und alle anderen Kameraden in ihren Fängen. So schnell geht die Parole durchs Schiff, dass er es anfangs kaum erfasst: Auf zur Demonstration an Land! Dabei haben die Matrosen seiner Auffassung zufolge nichts gegen das Kommando. Das hätten sie auch dem Divisionsoffizier gesagt, der trotzdem ganz bestürzt gewesen sei. Man gehe jetzt vielmehr für das eigene Recht auf die Straße.

Richard Stumpf folgt den Kameraden in seiner Sonntagsgarnitur. Fast niemand bleibt zurück auf dem Schiff. Vor der alten Hafenkaserne stehen bewaffnete Seesoldaten, die ihnen zujubeln und dreimal Hurra rufen. Von allen Seiten strömen Matrosen und Arbeiter auf den Exerzierplatz. Nicht einmal die Männer des Flottenflaggschiffs *Baden* hat es an Bord gehalten, was ihr hilflos stammelnder Kommandant erkennen musste. Auf dem Exerzierplatz versucht sich ab und zu jemand Gehör zu verschaffen. Märsche ertönen. Spontan hat sich eine Kapelle gefunden, die durch die Werft läuft und die Menschen hinter sich herzieht. Viele schließen sich an, ohne genau zu wissen, was vor sich geht. Selbst die Männer einer Offizierspatrouille lassen einfach ihren Leutnant stehen. So dicht wird das Gedränge, so laut der Jubel, dass sich Stumpf vor einem Chaos fürchtet. Er fühlt sich wie in einer Hammelherde, die vorwärts durch die Straßen trampelt. Nur die Bewohner stehen stumm an ihren Fenstern und ahnen, dass mit dem Ende der Flotte auch die Blüte der Stadt vorbei sein wird.

Von einer improvisierten Tribüne herab sprechen Matrosen. Über vieles, was Richard Stumpf hört, schüttelt er den Kopf. Aus seiner Sicht wird auch das sinnloseste Gequatsche heftig beklatscht. Die Menge würde wohl sogar der Forderung zustimmen, den Kaiser zu hängen. Werden jedoch Ruhe und Disziplin angemahnt, dann nickt er beruhigt und tröstet sich, dass die Radikalen noch nicht die Oberhand haben. Langsam jedoch, so beobachtet er, regt sich eine Bestie in den Männern: Sie pöbeln jede Frau an, pfeifen ihr nach und schwenken rote Tücher. Nur die Mannschaften der Torpedoboote wollen sich nicht anschließen. Sie jubeln zwar, aber rufen herüber: »Seid zufrieden, Kameraden, wir haben schon lange ›Feuer aus‹ gemacht; zudem haben wir gleich Mittag.«

Als er am frühen Nachmittag mit Tausenden Matrosen auf dem Platz vor dem Stationsgebäude steht, spürt auch Richard Stumpf, wie hungrig er ist. Unter dem Standbild eines Admirals wird verkündet, dass die vierzehn Punkte des Kieler Soldatenrats ab sofort auch in Wilhelmshaven gelten. Als ein Werftarbeiter fordert, eine Sowjetrepublik einzuführen, wendet sich Stumpf angewidert ab. So hässlich müsse ein Apachengesicht aussehen, denkt er für sich. Nur aus einer solchen Visage könne ein solcher Mist kommen. Die Menschen, die so etwas beklatschen, tun ihm leid. Schließlich stürzt alles davon, auf der Suche nach einem gefüllten Essnapf.

Cuxhaven

Seltsam gerührt betritt Joachim Ringelnatz das Offizierskasino. Noch immer trägt er seine Offiziersmütze mit dem aufgestickten Eichenlaub. Die Revolutionäre fläzen sich in den Klubsesseln. In den einstigen Vergnügungsräumen klappern Schreibmaschinen, klingeln Telefone, gehen Befehle und Nachrichten ein und aus. Patrouillen kommen und verschwinden. Einige Matrosen haben ihre schwarzen Mützenbänder mit breiten roten Seidenstreifen verziert. Alle essen die gleiche Mannschaftskost, und niemand hat bisher die Weinvorräte des Kasinos angerührt. Draußen marschiert im Takt der Musik ein Zug von zweitausend Mann wohlgeordnet vorbei. Rote Fahnen werden schwenkend emporgehalten. Sogar ein Korvettenkapitän hat sich dem Zug angeschlossen. Ein Schuft, denkt Ringelnatz. Der hat sogar Krone und Eichenlaub von der Mütze entfernt. Dessen Bruder, ein höherer Gerichtsoffizier, tippt inzwischen im Kasino emsig auf einer Schreibmaschine herum. Schon vor Jahren soll er revolutionäre Gedichte verfasst haben und sich nun, vom ersten Moment an, der Revolution angeschlossen haben. Ringelnatz und der Mann tun so, als sähen sie sich nicht. Dabei wäre der Dichter selbst gerne dem roten Rat beigetreten, aber er machte in allen Gesprächen eindeutig klar, dass er an dessen Spitze gewählt werden will.

Hamburg

Lärmend dringen Matrosen und Arbeiter in die Hapag-Zentrale am Alsterdamm ein. Für sie stellt das Renaissancegebäude eine Bastion des Großkapitalismus und des Kaisertums dar. Wo sonst sollte der Arbeiter- und Soldatenrat sein Hauptquartier aufschlagen? Ein Portier empfängt sie, Angestellte schauen verängstigt auf. Die Matrosen, Soldaten und Arbeiter laufen staunend durch die

Büroräume, die durch Glaswände geteilt sind. Sie gehen über mit Teppichen ausgelegte Treppen und betreten einen großen, peinlich sauberen Konferenzsaal.

Albert Ballins Büro liegt oben im ersten Stock rechts. Vom Fenster aus kann er beobachten, wie immer mehr Menschen in das Gebäude strömen. Wie oft hat er hier hinausgeblickt zu den Segelbooten auf dem Wasser. Früher war er selbst gern gesegelt, hatte auf der Nordsee die Gischt und die Wellen genossen. Aber das ist lange her.

Fremde betreten sein Büro und fordern Ballin auf, sein Kontor sofort zu räumen. Sie wollen jetzt tagen und dabei den Blick auf die Binnenalster genießen. Während seine Mitarbeiter nervös durch die Räume huschen, bleibt Albert Ballin so gelassen, als wäre er dieser Welt entrückt. Wie kann der Chef nur so ruhig bleiben?, fragen sich seine Angestellten. Sie hätten schwören können, er würde im Moment einer Revolution ausrasten.

Während sich die Unbekannten in den Büros einrichten, verlässt Albert Ballin seinen Firmensitz und läuft hinüber in die Mönckebergstraße, um eine Sitzung des Vereins der Hamburger Rheder zu leiten. Er wirkt gefasst und konzentriert. Jemand meint, »geringe Spuren eines elegischen Galgenhumors« zu erkennen. Man diskutiert, wie sich Schiffe beschaffen lassen, um die Stadt schnell mit Lebensmitteln zu versorgen. Etliche Dampfer liegen in neutralen Häfen, andere sind von der Marine beschlagnahmt worden. Möglichst rasch müsse Nahrung aus Schweden und Norwegen geholt werden, drängt Ballin. Je hungriger das Volk, desto blutiger die Revolution. Gleich morgen Vormittag sollte deshalb eine Sitzung unter dem Vorsitz eines Senators abgehalten werden. Weil das Reichsmarineamt in Berlin offenbar nicht mehr arbeite, müsse man mit dem hiesigen Arbeiter- und Soldatenrat kooperieren. Vor allem müssten die Schiffe bald freigegeben werden.

Noch einmal läuft Albert Ballin hinüber ins Hapag-Gebäude und spricht mit einem Freund über den Wiederaufbau der deutschen Handelsflotte. Er will jetzt weiterplanen, nicht aufgeben.

Doch ein Matrose schreit ihn an: Jetzt breche eine neue, herrliche Zeit an – nur mit ihm, der Hapag und dem Kapitalismus sei es vorbei. Der Mann redet vom Aufhängen an der nächsten Laterne. Feinde hat Ballin reichlich: Den Rechten und Nationalisten gilt er als jüdischer Großkapitalist, für Kommunisten, Gewerkschafter und viele Sozialdemokraten ist er als Generaldirektor der Klassenfeind schlechthin. Schockiert verlässt er seinen Firmensitz und läuft in der Dämmerung zu seiner prächtigen Villa, die nur wenige Hundert Meter entfernt in Rotherbaum steht.

Unbehelligt kommt Albert Ballin dort an und wird schon von seiner Frau Marianne erwartet. Verängstigt steht sie in der Tür und berichtet von Anrufern, die nur sagten, man werde sie bald einsperren. Dann klingelt wieder das Telefon. Ein Senator ist am anderen Ende, aber Ballin sagt nur, er solle morgen früh noch einmal anrufen – und bricht das Gespräch ab. Nach ein paar Minuten zieht er sich auf sein Arbeitszimmer zurück und lässt sich vom Diener ein Glas Wasser bringen. Aus einer Schublade seines Schreibtisches, auf dem die Kaiserbüste steht, nimmt er die Packung mit den malachitgrünen Tabletten heraus, wirft einige in das Wasserglas und schaut zu, wie sie sich auflösen. Er nippt am Gebräu, schluckt es hinunter und spürt, wie sich eine stark ätzende Lösung durch Speiseröhre und Magen frisst, das Desinfektionsmittel Sublimat. Momente später bricht er zusammen. Als er von seinem Diener und einem Arzt durch die unbeleuchteten Straßen in eine Privatklinik gebracht wird, quillt Blut aus seinem Mund. Er bekommt noch mit, wie sein Magen ausgepumpt wird. Um Mitternacht fällt Albert Ballin ins Koma.

Braunschweig

August Merges spricht von einem der Bogenfenster im oberen Geschoss des roten Schlosses, eines Backsteingebäudes im Jugendstil, zu den Menschen. Eigentlich gehört das Gebäude den Sozialdemokraten. Unten sind eine Druckerei und die Redaktion des *Volksfreundes* untergebracht. Jetzt kommt es ihm zugute, dass er früher einmal Anzeigenwerber und Journalist war. Merges weiß, wie man eine Botschaft verkauft und Menschen überzeugt. Tausende lauschen seinen Worten. Nach seiner Rede führt Merges die Massen zum nahen Residenzschloss der Welfen. Im Innern spricht er mit Ernst August von Hannover III., Herzog von Braunschweig, Herzog zu Braunschweig und Lüneburg, Prinz von Hannover. Das Militär wolle nichts mehr von den Welfen wissen. Sie sollten besser verschwinden. Während auf dem Schloss eine rote Fahne gehisst wird, unterschreibt der Regent seine Abdankung. – Gleich morgen wird die königliche Familie nach Schloss Cumberland bei Gmunden in Österreich reisen. Obwohl sie nie wieder zurückkehrt, lässt es sich Ernst August nicht nehmen, seine Heimat mit jahrelangen Prozessen zu beschäftigen.

Köln

Wilhelm Sollmann horcht auf. Laute Schritte hallen durch den Flur der *Rheinischen Zeitung,* wo der Sozialdemokrat als Redakteur arbeitet. Auf einmal stehen Soldaten im Raum. Statt Reichskokarden tragen sie revolutionäre Abzeichen an ihrer Uniform. Sollmann grüßt den Kompanieführer, der ein Genosse ist. Seine Einheit, so der Mann, habe den Befehl erhalten, die Revolution zu unterdrücken. Er wolle aber nicht auf die Menschen schießen, sondern sich den Aufständischen anschließen.

Wenig später treffen sich Sozialdemokraten und Unabhängige

im Arbeiterjugendheim, das in der Glockengasse im Norden der Altstadt liegt. Die Männer um Wilhelm Sollmann bilden rasch einen Arbeiterrat, den man später um einen Soldatenrat erweitern will. Mit einem Manifest unterm Arm machen sich die Politiker auf zur Kundgebung auf dem Neumarkt. Überall sind Soldaten ohne Epauletten und kaiserliche Kokarden zu sehen. Häftlinge laufen frei herum, ihre Bündel unterm Arm. Männer mit weißen Binden regeln den Verkehr und entwaffnen Offiziere. Sollmann weiß, dass er sich lächerlich machen würde, wenn er die Soldaten aufforderte, sich doch bitte diszipliniert zu verhalten.

Gegen neun Uhr klettern Wilhelm Sollmann und Peter Hecker mitten auf dem Neumarkt auf ein Autodach. Tausende sehen, wie sich der Sozialdemokrat und der Unabhängige demonstrativ die Hände schütteln und damit den alten Streit zwischen ihren Parteien überwinden. Sollmann ruft: »Sofortiger Waffenstillstand! Nieder mit dem Krieg!« und »Es lebe die sozialistische Republik!«. Nicht alle auf dem Platz nehmen ihm das ab und schmähen ihn laut. Nichts aber fürchtet Sollmann mehr, als dass sich radikale Männer an die Spitze der Revolution stellen könnten. Auch deshalb stellt er Forderungen, die ihm vor Kurzem noch viel zu weit gegangen wären.

Dann eilt Wilhelm Sollmann mit einem Matrosen aus Kiel zum Gouvernement. Sie fordern, dass alle Soldaten jederzeit die Kasernen verlassen dürfen. Das ginge nicht, heißt es, jedenfalls nicht offiziell. Doch auch in den Kasernen finden längst Versammlungen statt. Als bayerische Soldaten, die am Rhein stationiert sind, von der Revolution in ihrer Heimat erfahren, reißen sie sich jubelnd die Kokarden des Reichs von der Uniform – nicht aber die blau-weißen bayerischen. Anders ihre Kameraden aus Preußen: Die reißen ihre preußischen Kokarden von den Mützen ab – nicht jedoch jene des Reichs.

★

Es ist früher Nachmittag, als die Räte der Arbeiter und Soldaten das Rathaus betreten, um am spätgotischen Turm eine rote Fahne zu hissen. Gerade erst sind sie in der Festhalle Gürzenich in der Altstadt einstimmig gewählt worden. Sie fragen sich durch bis zu Oberbürgermeister Konrad Adenauer. Der empfängt die Männer zurückhaltend und belehrt sie, dass man mit einem Gewehr in der Faust nicht regieren könne. Stundenlang verhandeln sie miteinander. Adenauer lässt schließlich Büros im Rathaus räumen, dafür verzichten die Räte auf die rote Fahne am Rathausturm und belassen den Mann sogar auf seinem Posten als Oberbürgermeister. Ohnehin wollen die Räte nur, dass alles in geordneten Bahnen verläuft. Einen großen Plan haben sie nicht.

Konrad Adenauer befürchtet eine schwierige Situation. Massenhaft Deserteure und Sträflinge streifen durch die Stadt. Hungrig suchen sie nach Essen, plündern einen Zigarrenladen und machen sich daran, eine Altkleiderstelle zu stürmen. Aus Angst vor Unruhen schließen die Kinos und Theater schon um halb acht. Immerhin ist bisher noch niemand umgekommen oder erschossen worden. Um die Lage zu beruhigen, ordnet Adenauer an, dass Graupensuppe ausgegeben wird. Und als er erfährt, dass Betrunkene plündernd umherlaufen und ein Heeresdepot mit 300 000 Liter Alkohol finden könnten, lässt er das Zeug nachts heimlich in den Rhein schütten.

Frankfurt am Main

Mit achtzig Kieler Matrosen trifft der Signalmaat Adolf Löffler auf dem Hauptbahnhof ein. Vor dem Krieg hatte er in der Stadt als Kaufmann gearbeitet. Zuletzt gehörte er einer Seefliegerabteilung an. Er sei ein stiller Mensch, heißt es, aber im Kopfe flink wie eine Katze. Mit seiner Truppe übernimmt er das Kommando über die Bahnhofswache. Bereits gestern Abend ist eine Gruppe von Matrosen in Frankfurt angekommen: rund 150 Kameraden aus Wilhelmshaven. Ein paar sind festgenommen worden, aber die meisten gelangten in die Stadt. Später werden noch weitere Blaujacken eintreffen und eine Kaserne am Gleisfeld des Hauptbahnhofs besetzen.

Zu den Matrosen, die Adolf Löffler nach Frankfurt geführt hat, gehört ein Mann namens Malang. Er hat den Hauptbahnhof verlassen, streift die Rödelheimer Landstraße entlang, betritt eine Kaserne und fragt sich bis zur Kommandantur durch. Mit gezückter Waffe fordert er den Befehlshaber auf, alle Mannschaften antreten zu lassen: Macht einen Aufstand! Wählt Soldatenräte wie in Kiel! Malang redet so lange, bis ihm zahlreiche Soldaten folgen. Gemeinsam laufen sie zum berüchtigten Polizeigefängnis in der Klapperfeldstraße, das zwischen Hauptbahnhof und Zoo liegt. Dort sitzen die Gefangenen in isolierten Einzelzellen. Abschottung und Arbeit sollen sie zu besseren Menschen machen. Nur in völliger Einsamkeit, behaupten Straftheoretiker, könne sich ein Gefangener auf ein selbstbestimmtes Leben als Bürger vorbereiten.

In der Nacht treffen sich der Signalmaat Adolf Löffler, die Matrosen Malang und Leistner, ein Obermatrose namens Koch und der Marineflieger Hermann Stickelmann. Auch Wilhelm Grönke ist bei dem Treffen dabei – jener Soldat, der am 5. November seinen Marschbefehl ignoriert hat und in Frankfurt untergetaucht ist. Diese sechs Männer sorgen in den kommenden Monaten in Frankfurt für Sicherheit. Zusammen bilden sie einen Zirkel, den sie Marinesicherheitsdienst nennen. Als Erstes besetzen die Matrosen das feudale *Frankfurter Hotel*, wo der Arbeiter- und Soldatenrat unterkommt. Hoffnungsfroh heißt es morgen in einem Aufruf: »Durch den Mut und die Entschlossenheit der Proletarier und Soldaten wird aus dem Blutmeer dieser Schreckensjahre eine neue Welt entstehen.«

★

Anfang 1919 wird ein Leutnant der Reserve namens Carl Zuckmayer den Matrosenführer Hermann Stickelmann aufsuchen und
ein trauriges Bild von ihm im Kopf zurückbehalten. Eigentlich
will Zuckmayer sich mit Freunden für freiwillige Hilfspatrouillen
anbieten, um die sozialistische Stadtregierung zu unterstützen. Im
Polizeipräsidium werden sie an Stickelmann verwiesen. »Das war
ein wild dreinblickender, schwarzhaariger Mensch, er lag mit um-
geschnallter Pistole auf dem Bett, an dem gebündelte Handgranaten hingen, und war besoffen.« Ernüchtert stellt einer der Freunde
fest: »Die Revolution stinkt nach Schnaps aus dem Munde.«

München

Am Vormittag fahren die Straßenbahnen wieder, die Geschäfte
sind geöffnet, und die Zeitungen erscheinen pünktlich. Wie üblich sitzen die Münchner in Cafés und Gasthäusern zusammen.
Oskar Maria Graf schlendert durch die Stadt und entdeckt wenig
Ungewöhnliches. Zuweilen sieht er Laster mit bewaffneten Soldaten, die langsam durch die Menge fahren. Von oben herab werden
Flugblätter verteilt. Ihm fällt auf, dass viele Menschen lachend
umherflanieren. Selbst die Soldaten sind vergnügt. Dann schlendert er zum Landtag in der Prannerstraße. Niemand kontrolliert
heute, wer ein und aus geht. Die Leute strömen hinein, lachen
und ratschen miteinander. Auch Oskar Maria Graf grüßt lauter
freundliche Menschen, hört Gerüchte und Neuigkeiten, während
ein paar Meter weiter hochpolitische Angelegenheiten entschieden
werden. Es spricht sich herum, dass auch in Nürnberg, Straubing,
Regensburg und Augsburg die Revolution gesiegt hat. Einem alten Bekannten, der nun hoher Regierungsbeamter ist, unterbreitet
Graf seinen Gesetzesvorschlag: Jeder Arbeiter solle ein Gewehr
und Munition erhalten, um so viele Hasen, Rehe, Fasane und Reb-
hühner zu schießen, wie er zum Leben brauche.

★

Im Landtag steht Kurt Eisner auf dem Podium und verspricht eine radikale Umgestaltung der bayerischen Verfassung. Vor ihm sitzen 264 Nationalräte, darunter Arbeiter, Soldaten und Gewerkschafter sowie Abgeordnete der Sozialdemokraten und des Bauernbundes. Für die nächsten Wochen bilden sie den Provisorischen Nationalrat des Bayrischen Volksstaates. Kurt Eisner schwebt ein neuartiges politisches System mit zwei Kammern vor, eine Kombination aus parlamentarischer Demokratie und Rätestaat: In der einen Kammer sollen die Parteien fortan Gesetze beschließen, in der anderen Abgesandte der Berufsstände debattieren.

Weil Kurt Eisner keinen neuen Parteienstreit entfachen will, drängt er den Sozialdemokraten Erhard Auer, in sein Kabinett einzutreten. Noch vor zwei Wochen hatte Eisner davon gesprochen, dass alle diejenigen, die für den Krieg verantwortlich seien – aus seiner Sicht nicht zuletzt die Sozialdemokraten –, zur Rechenschaft gezogen werden müssten. Nun überlässt er den Genossen gleich drei Ministerposten, während die Unabhängigen zwei beanspruchen und zwei an parteilose Männer vergeben werden. Das Kabinett wird im Sitzungssaal ganz einfach durch Zuruf gewählt. Mit dieser provisorischen Regierung ist die Macht der Räte in Bayern auch schon wieder beendet.

So ruhig und unscheinbar geht alles vonstatten, dass die Revolution nicht als heroischer, mutiger Moment in Erinnerung bleibt. Bereits morgen werden die alten, königlichen Minister ihre Nachfolger in die Geschäftsbereiche einweisen. Damit sich niemand vor der neuen Regierung fürchten muss, soll kein Beamter entlassen werden. Zudem garantiere man den Schutz des Eigentums. »Wir haben in den letzten Tagen in wenigen Stunden gezeigt, wie man Geschichte macht«, ruft Kurt Eisner den Nationalräten zu, »wie man Tatsachen revolutionär für alle Zukunft schafft.« Bald sollen allgemeine Wahlen abgehalten werden, an denen erstmals auch Frauen teilnehmen dürfen.

In den nächsten Wochen wird Kurt Eisner ein starkes Bayern fordern. Statt Unabhängigkeit von Preußen, worauf unter anderem Katholiken dringen, wirbt er für die Vereinigten Staaten von Deutschland: Bayern soll sich große Freiheiten bewahren und nicht einer Zentralregierung in Berlin unterordnen müssen. In der Hoffnung, die Siegermächte milde zu stimmen, wird er jedoch eine lebensgefährliche Entscheidung treffen und geheime Dokumente des bayerischen Gesandten in Berlin vom Sommer 1914 veröffentlichen, aus denen sich ein Eingeständnis der deutschen Kriegsschuld entnehmen lässt. Damit macht sich Eisner nationalistisch gesinnte Soldaten zum Feind. Männer, die ihre Ehre verletzt sehen, weil sie nicht wahrhaben wollen, dass sie arglos einem Kaiser in den Krieg gefolgt sind.

Weil an der Schule heute grippefrei ist, kann der Gymnasiallehrer Josef Hofmiller in aller Ruhe durch die Stadt streifen. Er trifft ungewöhnlich freundliche Menschen und beobachtet eine Gemüsefrau, die bedauernd Männern der königlichen Leibgarde hinterherschaut: »Die armen Teufel, für die ist es hart, das sind jetzt alte Männer und müssen sich richtige Arbeit suchen.« Am »Bayerischen Hof« sieht Hofmiller einige Schussspuren und am Maximilianeum eine Straßenkehrerin unbeirrt welkes Laub zusammenharken. Überall macht sich wieder Normalität breit. Nur jüdische Bürger, die er trifft, fürchten sich vor Gewalt. Seit Längerem spüren sie eine feindliche Stimmung. Weil es hieß, sie drückten sich vor dem Fronteinsatz, hatte die Reichsregierung 1916 eine sogenannte Judenzählung angeordnet. Diese stellte den Patriotismus der deutschen Juden grundsätzlich infrage, auch wenn sie ergab, dass alle Unterstellungen falsch waren. Gleichwohl glauben viele Deutsche weiterhin an die Mär vom jüdischen Drückeberger und pöbeln ihre jüdischen Mitbürger immer unverhohlener auf den Straßen an.

Gegen Mittag schießt ein Rotgardist wütend in die oberen Stockwerke des Regina-Palast-Hotels am Maximilianplatz. Neugierige bleiben stehen, während ein Soldat auf einem Pferd heranreitet. Er trägt eine rote Binde am Arm und befielt, nicht mehr zu schießen. Ein Matrose, der dabeisteht, mault: »Jetz hamma d'Revoluzzion! Da kost du eam nix mehr befehl'n. Jetz gibt's koan Obern und Untern mehr!« Der Reiter zeigt einen Ausweis des Soldatenrats und wiederholt das Verbot. Zornig wirft der Rotgardist sein Gewehr auf den Boden und flucht: »Bal i nimma schiaß'n derf, na könnt's mi kreuzweis am ... mit enkera ganzn saudumma Revoluzzion!«

Wenig später wird der Historiker Karl Alexander von Müller, der die Szene beobachtet hat, von einem bewaffneten Zivilisten mit roter Armbinde zu seiner Wohnung geleitet. Sie liegt in der Nähe des Wittelsbacher Palais, das nach der Flucht des Königs weiträumig abgesperrt wurde. Freundlich erklärt ihm der Bewaffnete, dass man den »Burschois« den Kopf hätte abschlagen können. Aber der deutsche Arbeiter würde halt niemandem, der sich füge, ein Haar krümmen. Karl Alexander von Müller erschrickt – und doch hat die unbefangene Mischung aus Gutherzigkeit und Grausamkeit für ihn etwas Rührendes.

Katia Mann und ihre Kinder nutzen den Nachmittag, um die Speisekammer auszuräumen. Sie verstecken einen großen Teil der Vorräte in verschiedenen Räumen des Hauses. Aber sie sind auf Engpässe vorbereitet: Von der Bäckerin haben sie Brot für zwei Tage erhalten, und sie besitzen zudem reichlich Mehl. Solange es keine Plünderungen gibt, sollte alles gut gehen. Vorhin hat sich Katia Mann an der Isar mit einem jungen Radler unterhalten. Der erzählte ihr, dass er als Koch im Bahnhofsrestaurant arbeite. Allerdings seien in der vergangenen Nacht die Kühlräume und der

Weinkeller vollständig geplündert worden, weshalb er nun nichts mehr zu tun habe. Auch in der Stadt sind Läden überfallen worden. »Raub im Kaufhause Tiez«, hält Thomas Mann fest und ergänzt: »Sturm der Weiber auf ein Pelzgeschäft.« Immer wieder hört er Schüsse knallen und ein dumpfes Poltern, das er nicht deuten kann. Während Frau und Kinder weiter Vorräte verstecken, liegt der Schriftsteller angekleidet auf der Chaiselongue und fühlt sich unwohl: »Dumpfer Schnupfenkopf, Rückenschmerzen, Bronchialkatarrh.«

Er denkt noch eine Weile über den Aufstand nach. »Die Revolution wird durch trockenes Frostwetter begünstigt. Die Sonne dringt durch. Wenn es in Strömen regnete, würden die Ereignisse wohl stocken«, schreibt er ins Tagebuch und formuliert, als hätte er beiläufig ein Naturgesetz entdeckt: »Übrigens wird die Revolution im Augenblick ihrer Verwirklichung konservativ. Der Extremismus ist dann das Präventiv und Schutzmittel gegen das, was über das Extrem hinaus geht, das Chaos.«

Während er Eisner in seinen heutigen Aufzeichnungen einen Kollegen nennt, lässt er sich über den Literaturkritiker Wilhelm Herzog aus, den er ohnehin für gefährlich radikal hält: »Bei uns ist Mitregent ein schmieriger Literaturschieber wie Herzog, der sich durch Jahre von einer Kino-Diva aushalten ließ, ein Geldmacher und Geschäftsmann im Geist, von der großstädtischen Scheißeleganz des Judenbengels, der nur in der Odeonbar zu Mittag aß, aber Ceconis Rechnungen für die teilweise Ausbesserung seines Kloakengebisses nicht bezahlte. Das ist die Revolution! Es handelt sich so gut wie ausschließlich um Juden.« Thomas Mann kann einfach nicht verwinden, dass Herzog ihm Ende 1914 in der Zeitschrift *Das Forum* vorgeworfen hat, Kriegspropaganda zu betreiben – und den Text mit »Die Überschätzung der Kunst« betitelte.

★

Als wäre nichts geschehen, absolviert der Komiker Karl Valentin in diesen Tagen ungerührt seine Theaterauftritte. Mit seiner Gefährtin Liesl Karlstadt wird er mal vor nationalistischen Kriegsheimkehrern auftreten, denen die revolutionären Kieler Matrosen als »blaue Pest« gelten, mal vor dem sozialistischen Marine-Rat. Nicht mehr lange, dann lernt er den jungen Dramatiker Bert Brecht kennen. Der weilt in einem Reservelazarett in Augsburg, wo er an diesem Tag in den Arbeiter- und Soldatenrat gewählt wird, ohne jedoch in irgendeiner Weise aufzufallen.

Magdeburg/Berlin

Józef Piłsudski verlässt das Magdeburger Gefängnis in seinem abgetragenen Soldatenmantel. Er hustet und hält sich zum Schutz vor dem Wind seinen alten Filzhut vors Gesicht. Gebeugt, nachdenklich und ernst läuft er neben Harry Graf Kessler hinaus in die Freiheit. Kessler selbst trägt einen unauffälligen Hut und einen zivilen Mantel, damit ihn in den Straßen niemand als hochrangigen Diplomaten erkennt. Man habe zu lange gewartet, meint Piłsudski. Er kenne die Psychologie der Revolutionen, sagt er und ballt die Faust: Man müsse sofort energisch unterdrücken oder gleich Konzessionen machen. Für beides sei es jetzt zu spät. Deutschland stünden schwere Zeiten bevor. Der Bolschewismus passe nicht zu zivilisierten, gut organisierten Ländern. Vermutlich wüssten hierzulande die Roten selber nicht, was sie wollten. Schweigend gehen die Männer vorwärts, atmen die feuchte Luft, genießen den himmelblauen Tag, der so leicht und belebend wirkt, dass sie sich an den Frühling erinnert fühlen. Mit jedem Schritt zwischen Wald und Acker verschwinden die Gedanken an Feindschaft, Krieg und Revolution. Sie gehen über eine Elbbrücke, spazieren eine Chaussee entlang und steigen in einen bereitstehenden Militärwagen. Stundenlang fahren sie durch brandenburgische Landschaften nach Berlin. Kurz vor der Hauptstadt rollen zwei dicht mit Matrosen besetzte Züge an ihnen vorbei. Harry Graf Kessler bringt Piłsudski im luxuriösen Hotel Continental unter. Nach Warschau fährt heute kein Zug mehr. Der Bahnverkehr ist vorerst eingestellt worden.

Im Hotel Continental trifft Harry Graf Kessler auch den Philosophen Ludwig Stein, der begierig alle Nachrichten aufsaugt und weitergibt: vom Kaiser, der nicht abdanken will, vom abgelaufenen Ultimatum der Sozialdemokraten, vom morgigen Generalstreik, von Banken, die nichts mehr auszahlen, von Prinz Heinrich, der einen Matrosen erschossen und auf einer Dampfpinasse unter roter Flagge geflohen sei, von der Ausrufung der Republik in München, vom Ministerpräsidenten Eisner. Vor drei Wochen, meint Ludwig Stein munter, hätte man den Kaiser nur in ein Gefängnis gesperrt, jetzt werde man ihm den Schädel einschlagen. Kessler solle sich bloß nicht in Uniform auf die Straße trauen. Wie schnell sich der ausgebildete Rabbiner Stein doch zum radikalen Revolutionär gewandelt hat, staunt Harry Graf Kessler.

Geschwind rennen Ernst Däumig und Luise Zietz hinüber zum Reichstag. Däumig trägt in der Aktentasche sämtliche Unterlagen über den geplanten Aufstand. Gerade haben sie mit Genossen im Büro der Unabhängigen am Schiffbauerdamm zusammengesessen, wo sich allerdings niemand mehr sicher fühlt. Seit Pionieroberleutnant Walz festgenommen worden ist, müssen sie jederzeit mit einer Razzia rechnen. Geschützt vor der Polizei sind sie nur in ihren Fraktionsräumen im Reichstag. Aber sie kommen nicht weit. Plötzlich stellen sich Pickelhauben vor ihnen auf und nehmen Däumig fest. Zietz hat Glück, wird nicht verhaftet und rennt zurück zu den Genossen. Dort heißt es, dass auch Karl Liebknecht und Emil Barth, der den Revolutionären Obleuten angehört, verhaftet worden seien. Ohnehin taucht Liebknecht in diesen Tagen immer wieder ab und ist nur selten daheim bei seiner Familie in Steglitz. Mal paddelt er nachts auf der Flucht vor der Polizei über die Spree, dann wieder schläft er irgendwo in einem Möbelwagen.

Sofort schicken die Unabhängigen nun Kuriere in die Betriebe und Fabriken. Sie sollen die Arbeiterinnen und Arbeiter für einen bewaffneten Aufstand gewinnen, der morgen stattfinden muss. Und in einem Flugblatt fordern sie: Fort mit den Kleinstaaten und Dynastien, freie Wahl von Arbeiter- und Soldatenräten. Hoch die sozialistische Republik! Fast alle Vorstandsmitglieder unterzeichnen, darunter Georg Ledebour und Wilhelm Pieck. Auch Emil Barth und Karl Liebknecht setzen ihre Namen auf das Flugblatt. Ihre Festnahme ist nur ein Gerücht gewesen. Einzig Adolf Hofer, ein Privatier aus Ostpreußen, weigert sich, zu unterschreiben. Wenn der Aufstand misslinge, sei die Partei verloren. Ansonsten fehlt lediglich die Unterschrift des Parteivorsitzenden Hugo Haase, der zurzeit in Kiel bei den Matrosen ist, wo er jedoch keine wesentlichen Entscheidungen mehr beeinflussen kann.

»Jedenfalls ist es so, wir sind – ohne es noch recht zu fassen – in der sozialen Revolution«, bemerkt Käthe Kollwitz. »Die Sozialdemokratie versucht mit äußerster Kraft die Zügel zu halten. Gelingt es ihr – dann gut. Gelingt es ihr nicht, dann wird Schreckliches kommen.« Kürzlich erst hat sie im *Vorwärts* öffentlich Stellung bezogen und einen Text gegen die Idee eines letzten großen Volksaufgebotes mit Kindern und Greisen verfasst. Niemand solle mehr gegen seinen Willen eingezogen werden. Früh im Krieg ist ihr Sohn Peter an der Front gestorben. »Vor vier Jahren in dieser Nacht«, hat sie vor gut zwei Wochen, am 22. Oktober, in ihr Tagebuch notiert.

Genervt zieht der preußische Innenminister Bill Drews seine Uhr
auf. Seit Stunden wird im Ministerrat debattiert. »Es ist jetzt halb
zehn, und wir wollen die Sitzung vertagen«, sagt er und fügt hinzu:
»Morgen ist Generalstreik, blutige Unruhen sind zu erwarten. Alles kommt darauf an, ob das Militär hält oder nicht. Wenn nicht,
gibt es morgen keine preußische Regierung mehr.« Pikiert erwidert
Kriegsminister Heinrich Schëuch: »Wie kommen Euer Exzellenz
zu der Meinung, dass das Militär nicht halten könnte?«

Am Halleschen Tor in Kreuzberg beobachtet Richard Müller,
einer der Führer der Revolutionären Obleute, wie massenweise
verwegen dreinschauende Soldaten in Richtung Stadtzentrum
fahren, schwer bewaffnete Infanteristen und leichte Feldartillerie.
Ihn erfasst ein beklemmendes Gefühl. Er sorgt sich um das Proletariat und kommt sich selbst beschämend klein und schwach vor.
Nichts fürchtet er mehr als das Vierte Jägerregiment, das bereits
erfolgreich gegen russische Revolutionäre eingesetzt worden ist.
Tatsächlich wurde es gerade von der preußischen Regierung nach
Berlin beordert und rückt am späten Abend in die Alexander-
Kaserne im Zentrum der Stadt ein. Noch in der Nacht werden
Handgranaten an die Soldaten verteilt. Ein Gefreiter, der sich
aufsässig äußert, wird sofort abgeführt. Er wehrt sich nicht, doch
seine Kameraden murren. Mehr aber auch nicht.

★

Verängstigt schläft Mile Scheer ein. Ihrem Mann Reinhard Scheer,
dem Chef der Seekriegsleitung, hat sie vorhin eine letzte Botschaft
geschrieben: »Will's Gott, sehen wir uns hier noch wieder, sonst
wollen wir auf ein besseres Jenseits hoffen, das Leben in dieser ver-

irrten Welt ist nicht mehr lebenswert. Wie auch immer es kommen mag, ich halte aus und muss ja auch versuchen, noch für Else zu sorgen. Ich bin voll Gottvertrauen, und weiß, dass er mich nicht verlässt!«

★

Mitten in der Nacht nehmen Arbeiterinnen im Redaktionsgebäude des *Vorwärts* einen Aufruf aus den Rotationsmaschinen, um ihn so schnell wie möglich in der Stadt zu verteilen. Die Sozialdemokraten um Friedrich Ebert haben massenhaft Flugblätter drucken lassen: Die Berliner sollten der Regierung vertrauen und die Friedensverhandlungen abwarten. Es ist der letzte Versuch, die Massen von einem Generalstreik abzubringen. Falls das nicht gelingt, will die Reichsregierung den Aufstand gewaltsam unterdrücken. Der Eisenbahnverkehr liegt bereits still. Alle Matrosen, die zuletzt noch an den Bahnhöfen angekommen sind, wurden festgenommen und kolonnenweise in Gefängnisse abgeführt.

Breslau

Das Tor öffnet sich, und Rosa Luxemburg tritt hinaus ins Dunkel der Nacht. Sie steht auf der Straße und ist frei! Unerwartet, plötzlich, einfach so. Gerade eben, gegen halb zehn, hat ihr der Direktor der Haftanstalt mitgeteilt, dass sie gehen kann. Sie hat nicht mehr als ein paar Sachen eingepackt. Die Bücher müssen später abgeholt werden. Man bringt sie jetzt zum Gebäude der Transportgewerkschaft. Von Menschen umringt, telegrafiert sie dem Schriftleiter der *Breslauer Volkswacht*, dem Sozialdemokraten Paul Löbe, dass man sich vor der Demonstration, die morgen früh auf dem Rathausplatz stattfindet, auf jeden Fall absprechen müsse. Sie unterschreibt mit »R«.

Spa

Ihm ist, als zöge sein Leben an ihm vorbei. So wild ist es heute zugegangen. Jetzt, am späten Abend, sitzt Wilhelm II. wie so oft mit seinen Mitarbeitern am Kamin. Er ist ruhig, erstaunlich ruhig. Vorhin kam die Nachricht, dass jetzt auch der Herzog von Braunschweig abgedankt hat.

Am Vormittag hatte der Kaiser noch spekuliert, ob England nicht vielleicht Truppen für den Kampf gegen den Bolschewismus anbieten könne. Schließlich sei ganz Europa von der roten Gefahr bedroht. Am Mittag erfuhr er, dass sich Bayern zur Republik erklärt hat und Ludwig III. aus seiner Residenzstadt fliehen musste. Dann wurde gemeldet, dass bis auf die Konservativen alle im Reichstag seine Abdankung fordern, was Wilhelm noch immer barsch ablehnt.

Zwischendurch kam der Kaiser auf die Freimaurer zu sprechen: Der Grand Orient in Paris, eine der ältesten Freimaurerlogen Europas, plane heimlich, alle Monarchien und Kirchen zu stürzen, zuvörderst das Papsttum. Die Großloge wolle eine Weltrepublik errichten, finanziert vom amerikanischen Kapital. Die Dokumente, die alles belegten, habe er soeben einem Feldpropst überreicht, der sie in diesem Moment zum Kölner Erzbischof bringe. Der werde sicher alle Erzbischöfe und den Papst warnen. Möglicherweise gelinge es in letzter Minute, eine große Verteidigung aufzubauen.

Dann wieder dozierte Wilhelm II. darüber, wem er überhaupt sein Kaisertum verdanke. Dem Volk jedenfalls nicht, sondern einzig Gottes Gnaden. Folglich könne ihm das Volk sein Königtum gar nicht nehmen, sondern allenfalls Gott höchstselbst.

Als er am Abend schließlich mit dem Kanzler telefonierte, versuchte er den Politiker einzuschüchtern. »Werdet ihr in Berlin nicht anderes Sinnes«, warnte Wilhelm, »so komme ich nach Abschluss des Waffenstillstands mit meinen Truppen nach Berlin und schieße die Stadt zusammen, wenn es sein muss!« Anschließend verfiel er in Gemurmel: »ich bin nicht feige«, »ich gehe nicht fort«, »ich vertrage eine Kugel«, »ich kann sterben wie Millionen braver Deutscher«, »ich mag Frau und Kinder nicht verlassen«, »ich gehöre zur Armee«. Es ist kurz nach zehn Uhr, als er müde zu Bett geht.

Jeden Winkel der Welt scheinen die Roten einzunehmen, jedes Stück Erde zu unterwerfen. Ob es wohl irgendein Land geben wird, sinniert Oberleutnant Erwin Planck, das nicht vom Bolschewismus überrollt wird? Noch hegt er eine gewisse Hoffnung. Allerdings werde der deutsche Bolschewismus ansteckender sein als der russische. Nicht einmal England oder Amerika seien noch sicher vor dem gefährlichen Bazillus. Ach, man müsste jetzt einen freien Kopf haben, gesund sein und unverheiratet. Was bleibt, wenn kein Vaterland mehr existiert? Nur die Flucht zu Krasnow, dem zarentreuen Kosakengeneral, der in Südrussland für einen unabhängigen Staat kämpft. Oder am besten gleich ab in die Südsee. »Merkwürdiges Gefühl«, notiert Erwin Planck. »Als ob man in einer völlig neuen, chaotischen Welt geboren sei. Man könnte ebensogut auf dem Mond sein, so unbekannt ist alles.«

Berlin

In der Früh gegen drei Uhr besetzen die gefürchteten Lübbener Jäger und ein Regiment der Naumburger Jäger zentrale Regierungsgebäude.

Zeitgleich führt der Obermaat Paul Wieczorek eine Gruppe von Revolutionären über den Flugplatz Johannisthal, darunter Soldaten und Spartakisten. Wieczorek selbst gehört einem Marinefliegerkorps an, das hier stationiert ist. Er trägt einen Schnurrbart wie der Kaiser, raucht ebenfalls gerne und hat dafür gesorgt, dass Matrosen von der Küste heimlich auf dem Flugplatz untergebracht worden sind. Mit einer Zigarette im Mund ordnet er an, alle Wachen zu entwaffnen, das Stabsgebäude zu besetzen und den Kommandeur festzunehmen. Kein Offizier dürfe das Gelände betreten. Damit kann die Militärführung keine Flugzeuge mehr gegen Demonstranten einsetzen, was tatsächlich geplant war.

Am frühen Morgen ist es trüb und regnerisch, neun Grad, leichter Wind. Gegen sechs Uhr trinkt Philipp Scheidemann einen Tee und isst ein paar Scheiben trockenes Brot. Er blättert in den Zeitungen, die aufgrund Papiermangels nur vier Seiten umfassen. Es gibt schlechte Meldungen von der Front, ansonsten läuft heute Abend in den Kammerspielen ein Stück namens »Der Scheiterhaufen«. Um sieben ruft Scheidemann in der Reichskanzlei an und fragt, ob der Kaiser zurückgetreten sei. Nein, noch immer nicht.

★

Im Verlagsgebäude des *Vorwärts* in der Kreuzberger Lindenstraße hocken Gewerkschafter und Journalisten des Blatts zusammen. Seit knapp zwei Tagen ist ihr einstiger Kollege Kurt Eisner bayerischer Ministerpräsident. Während sie minütlich auf die Nachricht warten, dass Wilhelm II. abgedankt hat, fährt unten im Hof ein Lastwagen vor. Soldaten springen von den Ladeflächen herab und drängen schwer bewaffnet in die Redaktionsräume. Sie gehören zum berüchtigten Vierten Jägerregiment, das schon russische Revolutionäre bekämpft hat. Selbstbewusst fordern die Soldaten, dass sofort jemand zur Alexander-Kaserne mitkommen soll. Man wolle erfahren, warum man sie nach Berlin verlegt hat – ob sie gegen die Regierung oder gegen das Volk kämpfen sollen.

Ein drahtiger Mann mit Schnauzer und klarem Blick erklärt sich bereit: Der Sozialdemokrat Otto Wels steigt mit den Männern auf den Laster. Als sie in die Kaserne einfahren, präsentiert sich das Regiment in militärischer Ordnung, vorne stehen die Offiziere, hinten die Soldaten. Otto Wels klettert auf einen Krümperwagen. Er beginnt zu sprechen, vorsichtig, keineswegs hetzerisch. Er will niemanden provozieren. Jeder einzelne der Soldaten vor ihm könnte sein Gewehr auf ihn anlegen. Wels spricht vom Krieg, der verloren sei, vom uneinsichtigen Kaiser und von der Hoffnung auf Frieden. Er schaut in die Mienen der Männer und entspannt sich allmählich. Offenbar wollen ihn die Soldaten nicht gefangen setzen. Als sie ihm immer deutlicher zunicken, wagt er eine Forderung: »Es ist eure Pflicht, den Bürgerkrieg zu verhindern! Ich rufe euch zu: Ein Hoch auf den freien Volksstaat!« – die Männer klatschen, jubeln, alles stürzt nach vorne, umringt den Wagen. Sofort fahren sie mit Otto Wels zurück zum *Vorwärts*. Während sechzig Mann zum Schutz der Redaktion abgestellt werden, geht es mit Wels weiter zu anderen Kasernen.

★

Acht Uhr: Der Generalstreik beginnt. Hunderttausende legen in den Industrievierteln die Arbeit nieder, in den Daimler-Werken, der Berliner Maschinenbau AG, bei Borsig und Loewe, Siemens & Halske, den AEG-Werken, in den Deutschen Waffen- und Munitionsfabriken, der Geschossfabrik O. Jochmann Borsigwalde, in den Weißenseer Fabriken, bei Stock & Co., der Fritz Werner AG, bei Mix & Genest und der Akkumulatorenfabrik Oberschöneweide. In elf Kolonnen begeben sich die Menschen in Richtung Stadtzentrum, vorne Frauen und Kinder mit Fähnchen, hinten Männer mit Handgranaten und Pistolen. »Frieden und Brot«, rufen sie. »Nieder mit der Regierung«, »Schluss mit dem Krieg« und vor den Kasernen: »Brüder, nicht schießen.« In Charlottenburg werden Gaswerke und Lazarette besetzt, das Schloss, das Rathaus und die Technische Hochschule. Auch die Waffenschieberin Cläre Casper ist mit dabei. Sie trägt einen Revolver in ihrer Jacke und marschiert mit den Massen zum Reichstag. Welch ein Tag! In der Früh hatte sie noch rasch eintausend Patronen bei einem Händler am Kurfürstendamm besorgen können; mehr wollte der Mann nicht herausrücken. Sie schaffte die Munition sofort zu Freunden nach Moabit. Dort, in den muffigen, lichtarmen Mietskasernen, waren bereits Kisten mit Eierhandgranaten verteilt worden.

Spa

Um halb neun frühstückt der Kaiser in der Villa La Fraineuse und liest die Telegramme aus Berlin. Reichskanzler und Außenminister raten dringend zur Abdankung. Sonst seien die Dynastie und das Kabinett verloren. Den Sozialdemokraten gelinge es nicht mehr, die Bolschewisten aufzuhalten. Während er anschließend draußen durch den Garten und über die Wiesen schlendert, befragt ein Oberst einige Befehlshaber, die gestern noch schnell ins Hauptquartier beordert worden sind: Wären die Truppen auch bereit, für den Kaiser gewaltsam Berlin zurückzuerobern? Nur ein Major ist sich dessen sicher, fünfzehn Offiziere schwanken, dreiundzwanzig halten es für unmöglich. Dann will der Oberst wissen, ob die Truppe mit der Waffe in der Hand gegen die Bolschewisten in der Heimat kämpfen werde. Acht Offiziere meinen Nein, zwölf halten zumindest eine Pause für notwendig, neunzehn zweifeln.

Schließlich sucht der Oberst den Kaiser im Garten auf. »Die Truppe ist Eurer Majestät noch treu ergeben, aber sie ist müde und gleichgültig, will nur Ruhe und Frieden haben.« Wilhelm II. wendet sich ab, betritt die Villa und raucht in einem Lehnstuhl am Kamin seine Zigaretten. Um elf Uhr meint er zu seinen Beratern: »Ich habe lange genug regiert, um zu sehen, was das für ein undankbares Geschäft ist. Ich hänge durchaus nicht daran.« Er sei jetzt bereit, als Kaiser abzudanken – nicht jedoch als Preußenkönig. Als Admiral Reinhard Scheer einwirft, der Verzicht auf die Kaiserwürde mache die Marine führerlos, entgegnet Wilhelm resigniert: »Ich habe keine Marine mehr.« Besorgt ist der Kaiser vielmehr um seine Frau Auguste Viktoria, die in Berlin weilt. Sie müsse umgehend aus dem Neuen Palais fortgebracht werden. Nicht dass sie sonst als Geisel genommen werde. Wenig später tritt Kronprinz Wilhelm von Preußen ein und wundert sich: »Sind denn die paar Matrosen noch nicht an die Wand gestellt?«

Berlin

In der Wilhelmstraße ruft der preußische Kriegsminister Heinrich Scheüch zur Verteidigung der Hauptstadt auf: »Alles kommt darauf an, dass wir Berlin halten. Solange das gelingt, ist nichts verloren.« Tausende Soldaten sollen das Regierungsviertel schützen, mit Maschinengewehren, Kanonen, Panzern und Flugzeugen.

★

Gegen zehn Uhr: Die Regierung erfährt von den ersten Toten. Vor der Kaserne der Gardefüsiliere in der Chausseestraße hat ein Offizier auf Menschen geschossen und dabei den Monteur Franz Schwengler, den Gastwirt Richard Glatte und den Werkzeugmacher Erich Habersaath getötet. Schießereien auch am Marstall, am Schloss und vor der Universität zu Berlin. Die meisten Einheiten weigern sich jedoch, auf Landsleute zu schießen, darunter auch die gefürchteten Naumburger Jäger, die Lübbener Jäger und die Jüterboger Artilleristen. Als bekannt wird, dass es Tote gibt, treten die fünf sozialdemokratischen Mitglieder der Reichsregierung zurück: Arbeitsminister Gustav Bauer, Staatssekretär ohne Geschäftsbereich Philipp Scheidemann und drei Unterstaatssekretäre.

Halb elf: Unter den Linden ist es erstaunlich still. Auf manchen Straßen laufen Kinder mit erhitzten Gesichtern umher, als spielten sie Räuber und Gendarm. Harry Graf Kessler gelangt trotz Uniform unbehelligt zu Józef Piłsudski ins Hotel Continental am Bahnhof Friedrichstraße.

An der Universität zu Berlin findet heute Vormittag keine Vorlesung über Relativitätstheorie statt. »Fiel aus wegen Revolution«, notiert Albert Einstein lapidar in seine Vorlesungsnotizen. Dabei ist er in diesen Tagen überglücklich und meint bald zuversichtlich: »Das Große ist geschehen!« Keine Pleite könne so groß sein, als dass man sie nicht gern in Kauf nähme für den Sturz des Kaisertums. Bis zu diesem Tag hat Einstein öffentlich geschwiegen, obwohl ihm all der Nationalismus und Patriotismus zuwider ist. Schon bei Kriegsbeginn hat er einem Freund geschrieben: »Unglaubliches hat nun Europa in seinem Wahn begonnen. In solcher

Zeit sieht man, welch trauriger Viehgattung man angehört.« Er empfand nicht viel mehr als eine Mischung aus Mitleid und Abscheu und erklärte sich bereit, einen Appell gegen den Krieg zu unterzeichnen. Doch weil sich in Deutschland nur vier Intellektuelle zur Weltkultur bekennen wollten, wurde der »Aufruf an die Europäer« erst Jahre später in einem Buch abgedruckt.

Dennoch ließ sich Albert Einstein im Jahr 1915 zum Präsidenten der kriegsbegeisterten Deutschen Physikalischen Gesellschaft wählen. In den 135 Sitzungen der Preußischen Akademie, an denen er teilnahm, erhob er selbst bei hitzigen Debatten nicht ein einziges Mal die Stimme. Ganz anders sein Kollege und Förderer Max Planck, der einen Aufruf »An die Kulturwelt« mitunterzeichnet hatte, in dem es hieß: »Ohne den deutschen Militarismus wäre die deutsche Kultur längst vom Erdboden getilgt.« Und etwas weiter im Text: »Deutsches Heer und deutsches Volk sind eins.« Immerhin hat Planck verhindert, dass Angehörige sogenannter Feindstaaten aus der Akademie ausgeschlossen wurden. Und er hatte dafür gesorgt, dass Einstein überhaupt an die Akademie berufen wurde. Mit der Niederlage wird er lange hadern.

Obwohl sich Albert Einstein bisher zurückhielt – und Heinrich Manns verbotenen *Untertan* nur heimlich in den Cafés am Kurfürstendamm gelesen hat –, wird er beobachtet: So hat ein Spitzel vom Oberkommando der Armee festgehalten, dass Einstein das liberale *Berliner Tageblatt* abonniert hat und pazifistischen Organisationen nahesteht. Und auf einer Liste der Berliner Polizei wurde er Anfang des Jahres als Neunter von einunddreißig führenden Pazifisten und Sozialdemokraten geführt. Dabei pflegt er keine offiziellen Kontakte zu demokratischen Bewegungen. Nur ein einziges Mal, im Herbst 1915, hat Einstein seine politischen Gedanken ausgebreitet und für den Berliner Goethe-Bund einen Aufsatz mit dem Titel »Meine Meinung über den Krieg« verfasst. Er schlug darin eine staatliche Organisation in Europa vor, »welche europäische Kriege ebenso ausschließen wird, wie jetzt das Deutsche Reich einen Krieg zwischen Bayern und Württemberg«.

Und später klagte er einmal, wie sehr doch selbst die Gebildeten einer Machtreligion anhingen, die sich seit dem Kriegserfolg von 1871 ausgebreitet habe – seit dem Sieg des Deutschen Reiches über Frankreich. Damit seien die Ideale von Goethe und Schiller nahezu verdrängt worden. Nur durch die Härte der Tatsachen – allein durch eine Kriegsniederlage – könne die Verirrung aufgehalten werden. Jetzt ist es so weit!

Am Mittag titelt eine Extraausgabe des *Vorwärts*: »Generalstreik«. Alle Betriebe stünden nunmehr still. Ein großer Teil der Garnison habe sich dem Arbeiter- und Soldatenrat unterstellt (den es aber noch gar nicht gibt). Die Bewegung werde von Sozialdemokraten und Unabhängigen geleitet (wovon ebenfalls keine Rede sein kann). Die Versorgung der Bevölkerung werde aufrechterhalten (worüber folglich noch nicht gesprochen werden konnte).

Zwölf Uhr: Reichskanzler Max von Baden lässt über das Wolffsche Telegraphen-Büro eine Nachricht verbreiten, auf die so viele Menschen im Land warten: »Der Kaiser und König hat sich entschlossen, dem Throne zu entsagen.« Er habe die Nachricht soeben aus dem Hauptquartier erhalten. Die Nachricht stimmt zwar nicht, aber die Lüge soll die Revolution in allerletzter Minute ersticken. Denn niederschlagen lässt sie sich nicht mehr. Dann fordert er Friedrich Ebert auf, das Kanzleramt zu übernehmen. Allenfalls die Sozialdemokraten könnten das Land vor dem Schlimmsten bewahren: vor dem Ende der Monarchien. Vielleicht könne Ebert im Großen das wiederholen, was Gustav Noske im Kleinen – in Kiel – bereits gelinge: die Revolution im ganzen Land zurückzurollen.

Als Friedrich Ebert zögert, weil er sich erst beraten wolle, sagt Philipp Scheidemann kurz: »Ach was, sag einfach ja.« Also stimmt

Ebert zu, obwohl die Übergabe gegen die parlamentarischen Grundsätze verstößt: Ein Kanzler kann nicht einfach einen anderen Menschen als Kanzler einsetzen. Dazu ist er nicht berechtigt. Aber das interessiert jetzt niemanden. Vielmehr will ein Staatssekretär wissen, ob denn die Monarchie erhalten bleibe. Über eine künftige Staatsform entscheide eine Nationalversammlung, weicht Ebert aus. Vorerst übernimmt er alle Minister aus dem alten Kabinett. Nur der Kanzler ist ausgetauscht worden.

Prinz Max von Baden räumt im Nu seinen Schreibtisch und wird noch heute in seine süddeutsche Heimat abreisen. Nie wieder wird er in die Politik zurückkehren. Er lehnt es auch ab, als Reichsverweser – als Statthalter der Monarchie – zu fungieren, was Ebert vorschlägt. Und als Max Weber ihn in einigen Wochen für die neu gegründete Deutsche Demokratische Partei gewinnen will, entgegnet der Prinz: »Ich hasse instinktiv eine Ansammlung der Menschen, die sich mit dem Wort bekämpft.«

Als Erstes wendet sich Kanzler Friedrich Ebert mit einem Flugblatt an die Berliner: »Mitbürger! Ich bitte Euch alle dringend: Verlasst die Straßen, sorgt für Ruhe und Ordnung.« Er sei dabei, eine neue Regierung zu bilden, und werde darüber in Kürze alle unterrichten. Den Beamten teilt er derweil mit: »Ein Versagen der Organisation in dieser schweren Stunde würde Deutschland der Anarchie und dem schrecklichsten Elend ausliefern.« Das ist auch eine Kampfansage an Karl Liebknecht.

Doch die Berliner lassen sich nicht mehr beschwichtigen. Sie stürmen Rathäuser und Polizeiwachen, befreien politische Häftlinge, besetzen das Oberkommando, das Haupttelegrafenamt und Zeitungsredaktionen. Vor dem Palais des Prinzen August Wilhelm laufen die Wachen zu ihnen über und werfen ihre Gewehre in die Spree. Auf dem Charlottenburger Schloss hissen die Menschen eine rote Fahne, während sich die noch gestern gefürchteten

Schutzmänner verzagt an Häuserwände drücken. Tausende Menschen umstellen das Polizeipräsidium am Alexanderplatz. Obwohl im Innern überall Maschinengewehre postiert wurden, gibt der Polizeipräsident lieber auf und entlässt 650 Häftlinge, die jubelnd hinaus auf die Straßen rennen. Nur im Gebäude des *Vorwärts* scheitern Aufständische an den Soldaten, die seit dem Morgen das Gebäude bewachen.

Dreizehn Uhr: Die *BZ am Mittag* berichtet von der Abdankung des Kaisers. Als Harry Graf Kessler die Nachricht liest, muss er sich kurz sammeln. »Mir griff es doch an die Gurgel, dieses Ende des Hohenzollernhauses; so kläglich, so nebensächlich: nicht einmal Mittelpunkt der Ereignisse.« Er spaziert mit Józef Piłsudski durch die Straßen. Unter den Linden rollen hupende Lastwagen mit Bewaffneten an ihnen vorbei. Von oben winken Soldaten irgendwelchen Leuten zu. Und die jubeln und schreien zurück. »Bis auf das Geschrei und das schreckhafte Aussehen und Rattern der Autos, die vor Gewehren wie Borstentiere starrten und darüber flatternd die terroristische rote Fahne führten, war alles auffallend ruhig und ordentlich; eine Demonstration, kein Aufstand.« Nur das Militär habe revoltiert, meint er. Die meisten Menschen seien nur Zuschauer und läsen die Extrablätter.

Hamburg

Es ist 13:15 Uhr, als der Reeder Albert Ballin in Hamburg stirbt. »Verblutung aus Magengeschwür« wird auf dem Totenschein attestiert. Eine Obduktion unterbleibt.

Berlin

13:25 Uhr: Der preußische Kriegsminister Heinrich Schëuch erteilt Schießbefehl. Leben, Eigentum und Regierungsgebäude seien mit Waffen zu schützen. Doch der Berliner Gouverneur Alexander von Linsingen winkt ab und erlässt ein Schießverbot. Dann tritt er zurück und quittiert nach fünfzig Jahren in der Armee seinen Dienst. Am Reichstag, am Brandenburger Tor und am Rathaus wehen bereits rote Fahnen. Im Regierungsviertel sind Reichsmarineamt und Kommandantur besetzt. Während Soldaten ihren Offizieren die Kokarden abreißen, bieten fliegende Händler ersatzweise rot lackierte Blechkokarden an. In Tegel und Moabit befreien Aufständische mehr als zweihundert politische Gefangene aus den Haftanstalten. Auch Leo Jogiches, der Herausgeber der *Spartakusbriefe* und langjährige Lebensgefährte von Rosa Luxemburg, sieht wieder freien Himmel über sich.

Mit Zehntausenden Menschen läuft Käthe Kollwitz durch den Tiergarten zum Brandenburger Tor. Auf einem Flugblatt liest sie von der Abdankung des Kaisers und hört einen Invaliden rufen: »Ebert Reichskanzler! – weitersagen!« Immer weiter drängt es sie zum Reichstag. Während die Massen die Siegesallee hinunterlaufen – die »Puppenallee« mit ihren dreiundvierzig Skulpturen preußischer Markgrafen, Kurfürsten und Könige –, wird nach Friedrich Ebert und Philipp Scheidemann gerufen.

Kurz vor vierzehn Uhr trifft ein Telegramm des Kaisers ein: Wilhelm II. lässt mitteilen, er danke als Kaiser ab – jedoch nicht als König von Preußen. Für Kompromisse aber ist es längst zu spät.

★

Vierzehn Uhr: Philipp Scheidemann löffelt in der Kantine des
Reichstags eine dünne Suppe. Ein paar Tische weiter sitzt der Genosse Friedrich Ebert. Die beiden können sich nicht sonderlich
leiden. Plötzlich stürzen Leute herein: »Philipp, du musst herauskommen und reden.« Draußen riefen Sprechchöre, berichten sie.
Hunderttausende bewegten sich zwischen Schloss und Reichstag.
Während Ebert löffelnd sitzen bleibt, springt Scheidemann auf,
hastet aus der Kantine, durch den Lesesaal und erfährt nebenbei,
dass Liebknecht die Sowjetrepublik ausrufen wolle. Das empört
ihn: Deutschland eine russische Provinz? Eine Sowjetfiliale? Nie!
Scheidemann redet gerne vor Massen. Er wird deshalb schon der
schöne Philipp genannt. Jetzt geht er auf ein Fenster zu, öffnet es
und blickt vom ersten Stock aus auf die Massen herab. Ein Meer
voller Hüte und erwartungsvoller Gesichter! Unten wird es still.

Philipp Scheidemann streckt die Brust raus, holt tief Luft, wie
er es als Redner gewohnt ist, und ruft: »Der Kaiser hat abgedankt.
Er und seine Freunde sind verschwunden, über sie alle hat das
Volk auf ganzer Linie gesiegt.« Prinz Max von Baden habe sein
Amt an Ebert übergeben. Der sei nun dabei, eine Arbeiterregie-
rung mit allen sozialistischen Parteien zu bilden. Niemand dürfe
die neue Regierung stören. Sie werde für Frieden, Arbeit und Brot
sorgen. »Unerhörtes ist geschehen. Große und unübersehbare Arbeit steht uns bevor. Alles für das Volk«, ruft er ruhig den Menschen zu, als habe er sich von jeher auf diesen Moment vorbereitet.
Und effektvoll schließt er: »Das Alte und Morsche, die Monarchie
ist zusammengebrochen. Es lebe das Neue. Es lebe die deutsche
Republik!« Zehntausende schreien »Hoch!« und werfen ihre Hüte
in die Luft.

Freudig kehrt Philipp Scheidemann in den Speisesaal zurück
und setzt sich wieder an seine Suppe. Plötzlich steht Friedrich
Ebert vor ihm, schlägt mit der Faust auf den Tisch und brüllt: »Ist
das wahr?« Eine Sehne wölbt sich zornig auf seiner Stirn. Nicht

nur wahr, erwidert Scheidemann wohlgelaunt, sondern selbstverständlich. »Du hast kein Recht, die Republik auszurufen!«, mault Ebert und poltert: »Was aus Deutschland wird, ob Republik oder was sonst, das entscheidet eine Konstituante!«

★

Gerade noch hat sie Philipp Scheidemann am Fenster gesehen, nun beobachtet Käthe Kollwitz auf einer Rampe einen aufgeregten Soldaten. Neben ihm stehen ein Matrose und ein Arbeiter. Ein junger Offizier tritt hinzu, schüttelt dem Soldaten die Hand, wendet sich an die Leute: Vier Jahre Krieg seien nicht so schlimm gewesen wie der Kampf gegen Vorurteile. Seine Mütze schwenkend, ruft er: »Hoch das freie Deutschland!« Kollwitz geht weiter, hinüber zum Brandenburger Tor. Überall schwingen Menschen rote Fahnen, ein Lastauto voller Matrosen fährt vorbei. Soldaten werfen ihre Kokarden lachend auf die Erde. »Man erlebt es und fasst es gar nicht recht«, geht es ihr durch den Kopf. Sie muss an ihren Sohn Peter denken. Wenn er noch lebte, verhielte er sich nicht anders und würde sich ebenfalls seine militärischen Abzeichen abreißen. Als sie ihn zuletzt sah und er am schönsten ausgesehen hat, leuchtete sein Gesicht unter der Mütze mit der Kokarde. Sie kann sich nicht anders an ihn erinnern. Es ist nun schon drei Jahre her, dass er an der Front starb.

Langgrün

Pfarrer Theodor Piper hat keine Ruhe mehr. Seine Gemeindemitglieder in den thüringischen Dörfern Seubtendorf, Langgrün und Künsdorf sehnen ein Ende des Krieges herbei. »In Langgrün hat es die Nacht gebrannt!«, hält er heute fest. »In Bayern ist die Republik erklärt!« Erst feilt er an der nächsten Predigt, dann läuft er noch einmal nach Langgrün, um die Brandstätte auf Drechsels Anwesen zu besichtigen. »Trauriger Anblick; die Frau ist ganz fassungslos, der Mann ist im Feld.«

Diez an der Lahn

Am Nachmittag wird ein Soldatenrat in Diez gewählt, das in der preußischen Provinz Hessen-Nassau liegt. »Was damit zusammen hängt, dachten wir gleich, kann nur Revolution sein«, notiert die Händlerin Lucie Meckel in ihr Tagebuch. Früh hat sie darin festgehalten, wie der Krieg mehr und mehr auch in der Kleinstadt spürbar wurde: Bald gab es keine Hefe und kein Petroleum mehr, die Kolonialwarenläden sahen so leer aus, als wären Gerichtsvollzieher da gewesen, Obsternten wurden beschlagnahmt, ebenso Töpfe aus Aluminium und sogar die Kirchenglocken. Heimlich wurde mit Butter gehandelt, und im Winter fiel der Schulunterricht aus, um Kohle zu sparen.

Am Platz vor der alten Kaserne verbietet nun ein Unteroffizier jegliche Plünderungen. Weil er fast allen Soldaten vierzehn Tage Urlaub gibt, müssen die Rekruten das Zuchthaus und das Proviantlager bewachen. Scharenweise vergnügte Soldaten verlassen die Residenzstadt. »Geschäft war natürlich soviel wie 0. Um 6 Uhr machten wir Schluß, da es uns auch etwas ungemütlich wurde«, berichtet Lucie Meckel. Vorsichtshalber lässt sie die Rollläden der Schaufenster herab, was sie lange nicht mehr gemacht hat. Am Abend erhält sie ein Telegramm: Kaiser und Kronprinz haben abgedankt. »Der ganze Aufbau seit 48 Jahren ist zusammen gebrochen«, hält sie fest, womit sie die Zeit seit der Reichsgründung 1871 meint. »Alle kleinen Fürstentümer und Staaten sind König + Fürstenlos geworden! Dies alles zu erleben ist hart!« – Als letzter deutscher Fürst wird Günther Victor von Schwarzburg-Rudolstadt in gut zwei Wochen zurücktreten und am 25. November sein Territorium Schwarzburg-Sondershausen verlieren, das wie ein Archipel aus vierzehn Inseln in der Mitte des Reiches verstreut ist. Der Landtag in Sondershausen wird den Regenten und seine Minister bis dahin nicht weiter beachten.

München

Thomas Mann richtet sich in der neuen Zeit ein. »Im Übrigen lässt alles sich sehr ordentlich an – zu meiner Zufriedenheit«, notiert er und erklärt: »In dem neu konstituierten Ministerium sitzen auch bürgerliche Fachmänner.« Alles in allem habe er ziemlich kaltes und nicht weiter williges Blut. Revolutionen kämen erst, wenn sie keinen Widerstand mehr fänden, auch bei dieser sei es so gewesen. Das Fehlen jeglichen Widerstandes wertet er als Beweis für die Berechtigung der Revolution. Im Grunde seien die alten Machthaber doch froh, ihre Macht, die keine mehr war, los zu sein. Ohnehin sei ihre Autorität der Lage nicht mehr gewachsen gewesen. »Überhaupt sehe ich den Ereignissen mit ziemlicher Heiterkeit und einer gewissen Sympathie zu. Die Bereinigung und Erfrischung der politischen Atmosphäre ist schließlich gut und wohlthätig.«

Rund zwei Kilometer südlich seiner Villa skandieren am Nachmittag Hunderte Menschen auf der Reichenbachbrücke: »Gegenrevolution«, »Der Rupprecht ist da!«, »Er ist schon am Bahnhof«, »Aus ist's, aus ist's«. Sie haben gehört, dass Kronprinz Rupprecht von Bayern, der Sohn des geflüchteten Regenten, mit seinem Heer von der Westfront zurückgekehrt ist, um die Hauptstadt der Wittelsbacher wiederzuerobern – und Ministerpräsident Kurt Eisner zu vertreiben.

Rehburg

Diese verfluchte Verletzung! Noch immer leidet Ernst Jünger an dem Lungenschuss, den er im August während einer Schlacht im Norden Frankreichs erlitten hat. Nichts wünscht er sich mehr als die schnelle Rückkehr an die Front. Erst kürzlich hat er den Orden *Pour le Mérite* erhalten, die höchste militärische Medaille der preußischen Krone. Jünger ist überaus stolz darauf. Sie ist erstmals von Friedrich dem Großen vergeben worden. Dummerweise hat er sich dieser Tage erneut verletzt. Um zu beweisen, dass er wieder kämpfen könne, sprang er eigens über einen Sessel, landete aber äußerst unglücklich. Statt im Clementinenhaus, einem Hospital in Hannover, darf sich Ernst Jünger immerhin in der Villa der Eltern in Rehburg am Steinhuder Meer langweilen.

Doch ein Anruf des Vaters aus Hannover schreckt ihn jäh auf. »Hier ist die Revolution ausgebrochen.« Ernst solle um Himmels willen zu Hause bleiben. Doch der schmeißt sich in seine Uniform, schnallt sich die Armeepistole um und eilt, so schnell es ihm mit seinen Verletzungen möglich ist, zum Bahnhof, wo der Zug aber bereits abgefahren ist. Seine Mutter hat daheim vorsorglich die Uhr verstellt. Jetzt wird auch Ernst Jünger nicht mehr verhindern können, dass die neue Regierung den militärischen Orden *Pour le Mérite* in Kürze abschaffen wird.

Spa

Der Kaiser schaut verwundert seine Mitarbeiter an. Wohin soll er nur? Nach Berlin oder zum Schloss Wilhelmshöhe würde schwierig. Alle Eisenbahnstrecken werden von Revolutionären kontrolliert. Der Hofzug könnte nur mit deren Genehmigung passieren. Und eine Fahrt in die Schweiz ist nicht mehr sicher, zumal sich dort viel internationales Publikum aufhält. Als er am Nachmittag auf dem Bahnsteig steht, um nach Holland zu verschwinden, rufen Menschen zu ihm herüber: »Ah, Kamerad kaputt!«

Berlin

Gegen sechzehn Uhr: Karl Liebknecht steigt auf das Dach eines Wagens vor dem Stadtschloss. Hunderttausend Menschen schauen zu ihm empor, als er sich seinen Hut vom Kopf reißt und so laut er kann in alle Richtungen brüllt: »Der Tag der Revolution ist gekommen.« Kurz hält er inne und sieht, wie sich die Menschen jubelnd umarmen. »Wir haben den Frieden erzwungen. Der Friede ist in diesem Augenblick geschlossen. Das Alte ist nicht mehr. Die Herrschaft der Hohenzollern, die in diesem Schloß jahrhundertelang gewohnt haben, ist vorüber. In dieser Stunde proklamieren wir die freie sozialistische Republik Deutschland.« Er weist auf das Hauptportal des Schlosses und prophezeit: »Durch dieses Tor wird die neue, sozialistische Freiheit der Arbeiter und Soldaten einziehen. Wir wollen an der Stelle, wo die Kaiserstandarte wehte, die rote Fahne der freien Republik Deutschland hissen!« Das Schloss sei jetzt Volkseigentum. Jeder Angriff würde mit Waffengewalt vereitelt.

Minuten später zieht Karl Liebknecht eine riesige rote Fahne hinter sich her und hält noch eine Rede, genau von jenem Balkon des Schlosses aus, von wo Wilhelm II. am 4. August 1914 erklärt hatte, er kenne keine Parteien mehr, sondern nur noch Deutsche. Aber nicht nur der Kaiser hat von dort aus gesprochen. Er stehe nun an jener Stelle, verkündet Liebknecht, an der siebzig Jahre zuvor, 1848, König Friedrich Wilhelm IV. von Preußen vor mehr als 180 getöteten Revolutionären, die blutüberströmt im Vorhof lagen, seine Mütze gezogen habe. Seit jener gescheiterten deutschen Revolution habe der Kapitalismus den gesamten Kontinent in ein Leichenfeld verwandelt. Stellt euch nun vor, ruft Karl Liebknecht, dass die Geister der Millionen, die im Weltkrieg gefallen sind, nun vor dem Schloss vorbeilaufen. Jetzt sei der neuen Freiheit zu huldigen. Schwört auf die Weltrevolution und die freie sozialistische Republik. Massenhaft Hände erheben sich, während am Mast der Kaiserstandarte eine rote Fahne hochgezogen wird.

Am späten Nachmittag dringt Hermann Duncker mit Soldaten in die Redaktion des als reaktionär verhassten *Lokal-Anzeigers* ein und lässt der ersten Abendausgabe die Forderungen der Spartakusgruppe beilegen. Die zweite Abendausgabe wird dann unter neuem Namen erscheinen: *Die Rote Fahne. Ehemaliger Berliner Lokal-Anzeiger.* Man wartet hier jetzt auf Rosa Luxemburg.

Harry Graf Kessler läuft derweil zum Haus des Kunsthändlers Paul Cassirer in die Victoriastraße, wo der pazifistische Bund Neues Vaterland tagt. Cassirer ist jedoch nicht zu Hause. Dafür trifft Kessler den Bankier Hugo Simon, dessen Frau und den Dichter René Schickele. So speist man halt ohne die Hausherren in deren Esszimmer. Von ferne ist eine Schießerei beim Schloss zu hören. Einzelne Schüsse leuchten am Himmel auf wie in einer stillen Nacht an der Front. Schickele wirft den Gedanken auf, ob man nicht das Elsass durch Matrosen revolutionieren und als rote Republik ausrufen sollte. So könnte man die Region für Deutschland retten. Eine gute Idee, findet die Runde und macht sich auf zum Reichstag, um sie dort gleich einmal einigen Politikern zu unterbreiten.

Hagenau

Im Elsass treiben sich längst Seeleute herum. »Matrosen seien angekommen, es gebe Revolution wie in Kiel«, notiert Alfred Döblin. Seit mehr als einem Jahr arbeitet er als Kriegs-Assistenzarzt auf Widerruf in einem Lazarett in Hagenau, einer Kleinstadt im Elsass. Am Morgen hat es bereits die dienstliche Anweisung gegeben, zivile Kleidung zu tragen. Da er seine Frau und die Kinder dabeihat, beginnt er sich zu sorgen. Dramatisches scheint im Gange zu sein. Nur was genau? Den Zeitungen ist nichts Informatives zu entnehmen. Und nach Berlin sind alle Telefonverbindungen abgeschnitten. Meuternde Soldaten ziehen auch in Hagenau von Kaserne zu Kaserne und befreien Häftlinge. Gerüchteweise sollen die Franzosen durchgebrochen sein. Sogar die Elsässer wenden sich bereits ab. Wenn Alfred Döblin in ihre Gesichter blickt, fühlt er sich wie auf einem Maskenball. »Hier sitze ich in dem verfluchten Nest, die Franzosen sind uns auf den Fersen, wie kommt man nur heraus, ich möchte nach Berlin.«

Bald wird Alfred Döblin beobachten, wie sich um ihn herum alles auflöst. Es wird Plünderungen geben. Selbst die Marmorplatten der Nachttische in den Krankenzimmern verschwinden. Und sein Sohn haut mit zwanzig Mark in der Hand ab. »So feiert man Revolution«, wird Döblin spotten. Schon morgen verlassen die Kranken das Lazarett, dann machen sich die Offiziere davon. »Man schreibt sich einen Urlaubsschein, unterschreibt ihn selbst oder lässt ihn vom Soldatenrat unterschreiben; der Soldatenrat unterstempelt alles.« Am 14. November werden sich die Döblins zurück nach Berlin begeben. Es wird eine tagelange Odyssee.

Viel später, als er in Frankreich und Amerika im Exil lebt, wird sich Alfred Döblin intensiv mit diesem Umbruch befassen und sieben Jahre lang an seinem zweitausend Seiten starken Hauptwerk schreiben: *November 1918. Eine deutsche Revolution* erzählt die Zeit vom 10. November 1918 bis zum 15. Januar 1919. In seiner Heimat erscheint es erst nach dem Zweiten Weltkrieg.

Berlin

In ihrem Fraktionszimmer im Reichstag beraten die Unabhängigen, was nun zu tun sei. Unerwartet tritt der Sozialdemokrat Philipp Scheidemann ein und schlägt eine gemeinsame Regierung vor. Sonst lasse sich kein Waffenstillstand schließen und der Krieg nicht beenden. Schon am Morgen hatte Friedrich Ebert mit zwei führenden Unabhängigen über eine solche Regierung gesprochen. Einer hatte gleich zugesagt. Nun haben sich die Sozialdemokraten überlegt, dass drei Unabhängige mitregieren sollen. Ihnen ist sogar Karl Liebknecht recht.

Doch die Unabhängigen zieren sich und wollen erst einmal alles in Ruhe besprechen. Wäre nicht auch eine Regierung ohne Sozialdemokraten möglich? Nur mit Spartakisten, Unabhängigen, Revolutionären Obleuten sowie Arbeiter- und Soldatenräten? Man könnte sich damit auf eine recht große Machtbasis stützen.

Weil die Soldaten im Raum keinen Parteienzwist wollen und offen mit einer Militärdiktatur drohen, nennt Karl Liebknecht drei Bedingungen: Deutschland soll eine sozialistische Republik sein, alle Macht hat von roten Räten auszugehen und bürgerliche Politiker sind von der Regierung auszuschließen. Ferner werden die Unabhängigen nur drei Tage lang mitregieren, um einen Waffenstillstand zu schließen. Liebknecht will viel mehr als die Sozialdemokraten: Er will etwas, das er als soziale Revolution bezeichnet.

Philipp Scheidemann stutzt über die Liste der Bedingungen. Seine Partei fürchtet eine Diktatur der Unabhängigen. Auch will man bürgerliche Politiker nicht ausschließen. Wie ließe sich sonst die Versorgung der Menschen sicherstellen? Gegen einundzwanzig Uhr teilen die Sozialdemokraten mit, dass sie alle Bedingungen ablehnen und auf einer frei gewählten Nationalversammlung bestehen. Man vertagt sich auf morgen.

★

Währenddessen reden sich ein paar Räume weiter Architekten und Künstler in einen Rausch: Sie sitzen um den Maler Karl Jakob Hirsch zusammen und fordern Dinge, die ihnen allzu selbstverständlich erscheinen. Als Berliner »Rat geistiger Arbeiter« wollen sie noch in dieser Nacht radikal mit allem Alten aufräumen: fort mit den Akademien, alle Theater sozialisieren, sämtliche freien Berufe verstaatlichen, Titel abschaffen und sofort ein Weltparlament errichten.

Gegen zweiundzwanzig Uhr kommt Harry Graf Kessler mit seinen Bekannten am Reichstag an. Die Scheinwerfer feldgrauer Autos beleuchten den Vorplatz. Vor dem Hauptportal warten Passanten auf Neuigkeiten. Menschen drängen die Stufen hinauf ins Innere. Soldaten mit umgehängten Karabinern und roten Abzeichen fragen jeden, was er im Gebäude wolle. Doch man muss nur den Namen Hugo Haase nennen – des Parteivorsitzenden der Unabhängigen –, und schon wird einem Einlass gewährt. Im Reichstag laufen treppauf, treppab Matrosen, Arbeiter, Frauen und Soldaten. Während die Seeleute auffällig jung, frisch und sauber aussehen, sind die Feldsoldaten unordentlich und unrasiert, tragen verfärbte Uniformen und ausgetretenes Schuhzeug. »Überreste eines Heeres, ein trauriges Bild des Zusammenbruchs«, resümiert Kessler. Dann trifft er Hugo Haase, der schon auf die Idee eines Matroseneinbruchs ins Elsass vorbereitet ist und die Sache morgen genauer besprechen will. Aber dann wird die Idee als zu verwegen befunden.

★

Im großen Saal des Reichstags läutet Emil Barth eine Glocke. In diesem Moment beginnt die außergewöhnlichste Sitzung dieser Revolution: eine Versammlung jener Obleute, die sich monatelang nur heimlich in ihren Betrieben und Unternehmen organisieren konnten. Ein bislang verborgenes Netzwerk, das sich nun erstmals an die Öffentlichkeit wagt und große Politik machen will. Hunderte Männer und einige Frauen sind vorhin einfach wie Abgeordnete in den Reichstag hineinspaziert und haben den großen Plenarsaal besetzt, wo als Allererstes rote Tücher ausgelegt wurden. Dabei machten sie so viel Lärm, dass sozialdemokratische Abgeordnete herbeieilten, die nun entsetzt ein unerwartetes Schauspiel beobachten: Vor ihnen im Plenarsaal debattiert ein Revolutionsparlament. Kaum jemand kennt die Menschen, die sich dort zur Weltlage äußern. Nur Barth haben viele schon einmal gesehen.

Und vielleicht hat manch einer vom früheren Marineoffizier Hans Paasche gehört, der ebenfalls unten im Saal sitzt. Erst im Laufe des Tages ist er von Matrosen aus einer Berliner Nervenklinik befreit worden. Während seiner Zeit als Kapitänleutnant auf einem Torpedoboot wurde er zum Kriegsgegner. Man entließ ihn, als er sich weigerte, über einen Matrosen zu richten. Er zog sich auf sein Gut Waldfrieden östlich der Oder zurück und verfasste Friedensschriften. Nachdem er dort mit französischen Kriegsgefangenen den Jahrestag des Sturms auf die Bastille gefeiert hatte, wurde er festgenommen und in eine Nervenklinik verfrachtet.

Als die Debatten im Plenarsaal wirr werden, ruft Emil Barth zu einem Beschluss auf: Morgen früh sollen in allen Betrieben und Kasernen eigene Räte gewählt werden – je ein Vertreter für ein Bataillon und für tausend Arbeiter. Anschließend sollen sie alle in den Circus Busch-Roland kommen, einen Veranstaltungssaal nahe dem Reichstag. Dort werde dann eine provisorische Regierung gewählt. Dass bereits eine Regierung unter Friedrich Ebert existiert, kümmert die Revolutionäre nicht weiter.

★

In seinem Zimmer in der Reichskanzlei hört Friedrich Ebert schweigend zu, presst die Lippen zusammen und wird weiß im Gesicht. »Wartet hier im Vorzimmer«, sagt er knapp. Soeben haben ihm Genossen erzählt, dass im Reichstag ein Revolutionsparlament getagt hat. Für Ebert hat damit der Kampf um die Macht begonnen. Er könnte die morgige Versammlung im Circus verbieten lassen. Oder er erreicht vorher ein Bündnis mit den verachteten Unabhängigen. Dann könnte er sich im Circus sogar als Revolutionsführer präsentieren.

Müde und glücklich schlüpft Minna Cauer unter ihre Bettdecke. Jahrzehntelang hat sie auf diesen Tag gewartet. »Ich bin freudig erschüttert, habe nur die Hände am Abend gefaltet, und die Tränen sind mir über die Wangen gelaufen. Traum meiner Jugend, Erfüllung im Alter – ich sterbe als Republikanerin«, notiert die siebenundsiebzig Jahre alte Frauenrechtlerin. Trotz allen Jubels in den Straßen ist sie heute nicht vor die Tür gegangen. Es hat ihr gereicht, dass ihre Wohnung von begeisterten Menschen erstürmt worden ist. – Auch ihre Mitstreiterin Clara Zetkin hat ihre Wohnung in Stuttgart kaum verlassen. Sie liegt jedoch erkrankt im Bett.

Cuxhaven

Am Abend sitzt Joachim Ringelnatz in einem Zimmer des Hotels Prinz Albert. Otte ist dabei und Gürkchen, der Offizier Reye und Zahlmeister Engeland. Flüsternd besprechen sie die Lage und lästern über ihren Admiral, der seit Tagen in seiner Villa hockt und sich nicht bei seinen Offizieren gezeigt hat. Dass er unter Hausarrest steht, wissen sie nicht. Während sie plaudern, schenkt ein

Diener aus dem Kasino, der sich nicht den Revolutionären anschließen mag, regelmäßig Kognak nach, den sie aus ihren Kaffee-
tassen süppeln. Plötzlich hören sie vor der Tür wilde Tritte und
Stimmen. Matrosen eines Kriegsschiffes laufen im Flur auf und
ab. Sie haben zweiunddreißig Offiziere festgenommen, die im Hotel eingesperrt werden sollen. Ringelnatz geht hinaus und spricht
kurz mit einem verängstigten Kapitänleutnant, den man bereits
in der Kegelbahn des Kasinos eingeschlossen hatte. Nun soll das
Schiff ohne Offiziere nach Hamburg auslaufen, »wo sich dann die
Leute wahrscheinlich heimlich an Land verkrümeln werden«, vermutet Reye. Als ein Offizier wissen will, wie er am besten fliehen
könne, rät Ringelnatz, besser zu bleiben, sonst seien seine Mit-
gefangenen nicht mehr sicher.

Berlin

Als Harry Graf Kessler nach Mitternacht auf dem Heimweg ist,
laufen ihm Menschen entgegen. Truppen seien aus Potsdam angekommen, ruft jemand, gleich werde geschossen. Doch Kessler
hört keine Schüsse. »So schließt dieser erste Revolutionstag, der
in wenigen Stunden den Sturz der Hohenzollern, die Auflösung
des deutschen Heeres, das Ende der bisherigen Gesellschaftsform
in Deutschland gesehen hat. Einer der denkwürdigsten, furcht-
barsten Tage in der deutschen Geschichte.« Erschöpft legt er sich
schlafen.

Sonntag, 10. November

Kiel

Golden steigt die Herbstsonne über der Förde auf, während die Seeleute der Opfer der Revolution gedenken. Vor dem Café Kaiser erinnert Lothar Popp an die neun Toten des 3. November. Nie wieder solle ein Mensch einem anderen mit der Waffe entgegentreten, sagt er im Namen des Soldatenrates. Seeleute und Gewerkschafter, Unabhängige und Sozialdemokraten legen Kränze nieder. Erst gestern hat Popp ein Telegramm »an alle Proletarier aller Länder« geschickt: »Über der deutschen Flotte weht das rote Banner der Freiheit«. Noch in diesem Jahr wird er, unterstützt von Karl Artelt, seine Sicht auf die Revolution niederschreiben und darin folgern: »Wenn Kant schon vor mehr als 100 Jahren in seiner Schrift: ›Vom Ewigen Frieden‹ die Worte prägte: ›Solange es Fürsten gibt, wird es Kriege geben‹, so zeigt das tiefer schürfende Denken, dass es noch viel richtiger heißen muss: ›Solange die kapitalistische Gesellschaftsform existiert, so lange ist die Möglichkeit und die Voraussetzung fernerer Kriege gegeben.‹«

Auch der Kieler Journalist Bernhard Rausch ist ganz ergriffen. »Was ist die Revolte des Jahres 1848 im Vergleich zu der grundstürzenden Umwälzung von 1918!«, schreibt er. »Als der Zug der Märzgefallenen einst am Berliner Schloss vorbeizog, neigte sich ein schuldbeladenes gekröntes Haupt vor den für die Freiheit Gefallenen. Der einst das Wort von den vaterlandslosen Gesellen geprägt hatte, hätte den Novembergefallenen des Jahres 1918 eine solche zweifelhafte Ehrung nicht mehr zuteil werden lassen können. Er war selbst ein landflüchtiger, vaterlandsloser Geselle geworden.«

Wilhelmshaven

Vom Dach eines Gartenhauses aus schaut der Matrose Richard Stumpf über unzählige Köpfe hinweg. Sonnenstrahlen beleuchten die Gesichter der vielen fröhlichen Menschen. Erstmals ist auch ihm feierlich zumute. Begeistert beobachtet er, wie sich der Platz füllt und immerfort weitere Matrosen und Soldaten auftauchen. Überall sind feldgraue und marineblaue Uniformen zu sehen. Der Oberheizer Bernhard Kuhnt – jener Mann, der vor vier Tagen den Sturm auf die Arrestanstalt anführte – wird als erster Präsident des Freistaats Oldenburg bejubelt. Tief fliegende Eindecker donnern über den Platz. Flugblätter flattern auf die Menge nieder. Am Kasernenmast wird die riesige Kriegsflagge herabgezogen und ein rotes Tuch gehisst. Für Richard Stumpf symbolisiert es Freiheit, Gleichheit und Brüderlichkeit. Es sei ihm selbst ein Rätsel, wie sehr er sich in den vergangenen zwei Tagen verwandelt habe. »Vom Monarchisten zum überzeugten Republikaner – nein, mein Herz – ich kenne dich nicht mehr. Wahrhaftig, es stockt.« All die feierliche Aufregung, der wahnsinnige Hexensabbat, wie er es nennt, zerrüttet ihm die Nerven. Keine Viertelstunde lang könne er sich auf irgendetwas konzentrieren. Ständig jage eine Sensation die nächste. Am Abend steigen Leuchtraketen in die Luft. Auf den Forts krachen Salutpatronen. Alle Sirenen der Stadt heulen. Schiffsglocken läuten. Scheinwerfer leuchten durch den Himmel und streichen über das Wasser. So beeindruckt ist Richard Stumpf, dass er Tage brauche, um seine Gedanken, Eindrücke und Stimmungen zu sortieren. Mal sei ihm himmelhoch jauchzend zumute, dann fühle er sich wieder zu Tode betrübt. »Der 10. November wird in der Geschichte dieses Krieges vielleicht als einer der bedeutsamsten Tage bezeichnet werden.«

Braunschweig

Einstimmig wird der Spartakist August Merges vom Arbeiter- und Soldatenrat zum ersten Präsidenten der Sozialistischen Republik Braunschweig gewählt. Der Freistaat wird von einer Roten Garde und einer rund dreihundert Mann starken Matrosenwehr geschützt. Und Merges vollbringt sogleich Revolutionäres: Er beruft die erste Ministerin der deutschen Geschichte. Minna Faßhauer wird Volkskommissarin für Volksbildung. Doch sie wird viel Spott ertragen müssen. Ihre Gegner werden sie schmähen, weil sie lange Zeit nicht lesen und schreiben konnte. Und weil sie als Flaschenspülerin und Kinoplatzanweiserin gearbeitet hat. Dass sie bald die kirchliche Schulaufsicht abschafft, wird man ihr nicht verzeihen.

Pasewalk

Schon vor Tagen waren Matrosen ins Reservelazarett gekommen und hatten auch hier in Pommern zur Revolution aufgerufen. Heute berichtet der Lazarett-Geistliche, dass der Krieg verloren und die Republik ausgerufen worden sei. Nun müsse Deutschland auf die Gnade der Sieger hoffen. Als der halb erblindete Gefreite Adolf Hitler die Nachricht hört, taumelt er zurück in den Schlafsaal, wirft sich auf sein Lager und vergräbt den Kopf unter dem Kissen. Mitte Oktober ist er bei einem Gasangriff an der Westfront an den Augen verletzt worden. Vermutlich erlitt er durch einen nach Senfgas riechenden Kampfstoff eine schwere Entzündung an der Bindehaut und den Augenlidern. Nur langsam erholen sich die Augen wieder. Später wird er behaupten, er habe an diesem Tag beschlossen, Politiker zu werden. Es ist eine Legende. Erst nach seiner Genesung findet er allmählich in die Politik.

Leipzig

An die 100 000 Menschen hören auf dem Augustusplatz die Rede
des Journalisten Friedrich Seger. Sie klatschen, als er die Schuld
am Krieg dem Deutschen Reich zuweist. Nun müsse man auf Ma-
trosenaufstände in England und Frankreich hoffen, ruft er. Das
wäre der Beginn einer Weltrevolution.

München

Josef Hofmiller streift durch den Englischen Garten. – Um ihn
herum Idylle: Auf der großen Wiese vor dem Monopteros grasen
friedlich Rinder. Malerisch, findet er, aber der Rasen sei ganz
kaputt. Auch im Nymphenburger Park schaut er sich um und bemerkt, wie unglaublich schnell sich die Natur der Fußwege be-
mächtigt. Auf den Wegen selbst wachsen Gräser, im Schatten ein
Anflug von Moos. Noch ein paar Jahre, sinniert er, und die Wege
seien unkenntlich. Nur in der Stadt bemächtige sich leider nicht
die Natur der Straßen und Plätze, sondern das Altpapier. Offenbar, so grantelt er, hörte mit der Revolution die Straßenreinigung
auf.

Berlin

Das *Berliner Tageblatt*, das Albert Einstein abonniert hat, sprüht
vor Enthusiasmus: »Die größte aller Revolutionen hat wie ein
plötzlich losbrechender Sturmwind das kaiserliche Regime mit allem, was oben und unten dazu gehörte, gestürzt. Man kann sie
die größte aller Revolutionen nennen, weil niemals eine so fest gebaute, mit soliden Mauern umgebene Bastille so in einem Anlauf

genommen wurde«, schreibt Chefredakteur Theodor Wolff und blickt zurück: »Noch vor einer Woche gab es einen militärischen und zivilen Verwaltungsapparat, der so verzweigt, so ineinander verfächert, so tief eingewurzelt war, dass er über den Wechsel der Zeiten hinaus seine Herrschaft gesichert zu haben schien. Durch die Straßen von Berlin jagten die grauen Autos der Offiziere, auf den Plätzen standen wie Säulen der Macht die Schutzleute, eine riesige Militärorganisation, in den Ämtern und Ministerien thronte eine nur scheinbar unbesiegte Bürokratie. Gestern früh war, in Berlin wenigstens, das alles noch da. Gestern nachmittag existierte nichts mehr davon.« – Kurt Tucholsky, der bald zum Chefredakteur des Satireblattes *Ulk* berufen wird, das dem *Berliner Tageblatt* beiliegt, betrachtet die Ereignisse distanzierter; später wird er schreiben: »1918/19 habe ich überhaupt nichts verstanden – aus dieser Zeit datieren meine dümmsten Arbeiten, die ich teils selbst auf dem Gewissen habe, zum Teil ließ ich sie publizieren, verleitet durch den etwas dümmlichen Mann«, womit Theodor Wolff gemeint sein dürfte. Im *Ulk* zieht Tucholsky nicht nur über die alten Eliten her, sondern prügelt zu seinem späteren Bedauern auf alles ein, was sich links der Sozialdemokratie abspielt.

Überhaupt stellt sich die Presse in diesen Tagen rasch auf die neuen Verhältnisse ein. Die *Deutsche Tageszeitung* ersetzt ihren alten Slogan »Für Kaiser und Reich« durch die Parole »Für das deutsche Volk«. Die *Neue Preußische Kreuzzeitung*, die von Otto von Bismarck mitinitiiert worden war, tilgt das Bekenntnis »Vorwärts mit Gott für König und Vaterland«. Nur die *Deutsche Zeitung* teilt vorerst mit: »Die Verhältnisse zwingen uns, bis auf weiteres, jede eigene Stellungnahme zu den politischen Ereignissen zu unterlassen.«

★

Im Sonnenschein schlendert Ernst Troeltsch durch den Grune-
wald. Er sieht Menschen, die lässiger und einfacher als sonst ge-
kleidet sind. »Alles etwas gedämpft«, denkt er über die Stimmung
jener, denen er begegnet, »aber doch beruhigt und behaglich, dass
es so gut abgegangen war.« Offenbar sorge sich niemand um sein
Gehalt. Seine Frau ist jedoch weniger gelassen und besteht darauf,
dass der Theologe sicherheitshalber eine Pistole mit in die Stadt
nimmt.

Am frühen Nachmittag, um halb zwei, atmet Friedrich Ebert erleichtert auf. Er hat es geschafft. Die Unabhängigen lassen sich
tatsächlich auf eine gemeinsame Regierung ein. Dafür war er zu
vielen Zugeständnissen bereit, zu weit mehr als gestern noch. Er
hat sogar akzeptiert, vorerst jedenfalls, dass alle politische Gewalt
in den Händen der Arbeiter- und Soldatenräte liegen soll und eine
Nationalversammlung erst dann gewählt wird, wenn sich die Lage
im Land beruhigt hat. Zudem sind alle Mitglieder der gemein-
samen Regierung gleichberechtigt. Vielleicht am wichtigsten ist,
dass je drei Männer aus beiden Parteien in der Regierung dabei
sein werden. Auf einem solch paritätischen Verhältnis lässt sich
notfalls noch in anderen Gremien bestehen. Auch die drei Kollegen aus den Reihen der Unabhängigen sind ihm nur zu recht:
Hugo Haase war schon früher gut zu lenken, Wilhelm Dittmann
hält er für einen Versager, und Emil Barth von den Revolutionären Obleuten gilt als eitler Schwätzer, aber auch als tatendurstiger
Macher. Wenn Barth dabei ist, sind die Unzufriedenen in den Betrieben und Unternehmen eingebunden.

In der Regierung, die Friedrich Ebert gestern von Prinz Max von Baden übernommen hat, wird kurz über den Waffenstillstand gesprochen. Noch ist sie im Amt und fällt Entscheidungen. Von der Obersten Heeresleitung liegt ein knappes Telegramm vor. Man solle versuchen, Erleichterungen bei den Verhandlungen mit den Alliierten zu erreichen. So oder so sei aber zu unterschreiben. Hölzern wird dekretiert: »Bitte Entschluss Regierung in diesem Sinne schleunigst herbeiführen. Von Hindenburg.« Am späten Abend wird diese Nachricht auch an Matthias Erzberger nach Compiègne telegrafiert, in einer unverschlüsselten Depesche.

Vor dem eleganten Hotel Excelsior am Anhalter Bahnhof trifft Harry Graf Kessler einen jungen Matrosen. Man müsse der neuen Regierung folgen, sagt der Mann, ferner Ordnung und Ruhe bewahren und gegen Plünderungen vorgehen. Kessler ist gerührt. Dieser junge Matrose, der bei der Meuterei in Kiel dabei gewesen sei, spreche aus, was die große Mehrheit der Revolutionäre verlange: keine Tumulte. Sähe man einmal von den paar Schießereien ab, dann verhielten sich die Berliner ausgezeichnet. »Diszipliniert, kaltblütig, ordnungsliebend, eingestellt auf Gerechtigkeit, fast durchweg gewissenhaft«, merkt Kessler an. »Ein Gegenstück zur Opferfreudigkeit im August 1914. Ein so großes und tragisches Erleben, so reinen Sinnes und tapfer getragen muss es innerlich zusammenschweißen zu einem Metall von unzerstörbarer Spannkraft. Wenn nur der politische Sinn nicht so selten wäre! Das, was jeder italienische Maccaronihändler hat!«

Am Bismarck-Denkmal auf dem Reichstagsplatz tritt eine Frau aufs Podium. Ist es die Stöcker, die so gut redet?, fragt sich Käthe Kollwitz. Seit Jahren kämpft Helene Stöcker für unverheiratete Mütter und setzt sich für Sexualreformen ein. Nun dürfte die Zeit endlich günstig dafür sein. Während sie redet, fallen Schüsse, dann gehen Gewehrsalven los. Sie kommen aus den Häusern links des Reichstags. Tausende stieben auseinander und sammeln sich wieder. Erneut knattern Schüsse und münden in einer Kanonade. Käthe Kollwitz verlässt eilig den Platz, weicht Straßensperren aus und will nur rasch nach Hause. Unterwegs läuft sie zufällig Lily Zadek über den Weg, der Tochter eines jüdischen Kollegen ihres Mannes, des Arztes Karl Kollwitz. »Mit ihr darüber gesprochen, dass die Führer von Revolutionen fast immer Juden gewesen sind. Auch in Russland sind es Juden.« Zwar sind auch Juden unter den Revolutionären, doch ihnen ist ihre Herkunft und Religion meist gleichgültig, und sie spielen politisch keine Rolle. Aber der Vorwurf, die Juden hätten einen Dolch gezogen, um das Land zu verraten, wird in den kommenden Jahren von völkischen Gruppen immer lauter propagiert.

Als es in der Weltstadt dunkel wird und die Menschen von ihren Ausflügen in eine neue Zeit in die kühlen Wohnungen zurückkehren, eröffnet Emil Barth um siebzehn Uhr die Versammlung im Circus Busch-Roland. Er sitzt mitten in der Manege an einem Holztisch. Vor ihm haben in den ersten Reihen rund tausend Soldaten Platz genommen. Weiter oben zur Kuppel hin sitzen an die zweitausend Arbeiterinnen und Arbeiter. Ob sie alle auch tatsächlich als Räte gewählt worden sind, wurde am Eingang nicht geprüft. Emil Barth ist nervös. Steht die Mehrheit dieser dreitausend Menschen zu seinen Revolutionären Obleuten – oder doch hinter Friedrich Ebert?

Am Morgen sind die Wahlen für die Revolutionären Obleute

in den Kasernen katastrophal und in den Betrieben enttäuschend verlaufen. Während man gestern noch die sozialdemokratischen Funktionäre, die sich gegen die Demonstrationen stellten, aus den Betrieben geprügelt hatte, sind sie heute als Arbeiterräte gewählt worden. Den Obleuten ist bereits klar, dass eine Regierung ohne Sozialdemokraten nicht mehr durchgesetzt werden kann. Aber einer von ihnen hatte vorhin eine rettende Idee: Außer der Regierung sollte man noch ein zweites Gremium wählen lassen, einen Aktionsausschuss. Über dessen Aufgaben dürfte vor der Abstimmung im Circus auf keinen Fall gesprochen werden. Für die Wahl dieses Ausschusses sollte eine fertige Liste vorgelegt werden, auf der ausschließlich die Namen von Spartakisten und Revolutionären Obleuten stünden.

Als erster Redner tritt Friedrich Ebert in die Manege. Er lässt seinen Blick über die Ränge wandern und erklärt, dass sich die beiden sozialistischen Parteien auf ein Bündnis geeinigt haben. Es ist die Ankündigung einer großen Volksregierung. Nach ihm spricht kurz der Unabhängige Hugo Haase, zuletzt tritt Karl Liebknecht auf. »Die Gegenrevolution ist auf dem Marsche, sie ist bereits in Aktion«, ruft er laut in den Saal, doch das will kaum jemand hören – schließlich brüllen ihn die Soldaten nieder: »Einigkeit, Einigkeit.«

Jetzt soll Emil Barth zur Wahl des Aktionsausschusses aufrufen, ganz schnell, ehe jemand begreift, worum es sich dabei handelt – die Räte sollen einfach ihre Hand für eine schon fertige Liste heben. Aber er beginnt zu plaudern, zu erklären, zu rechtfertigen – bis Friedrich Ebert ahnt, um was es bei dem Ausschuss gehen soll, und »überflüssig« dazwischenschreit. Oder wenn schon, ruft er, dann solle es Parität geben. Das verlangen auch die Soldaten in den ersten Reihen, die jetzt in die Manege steigen, das Podium umzingeln und mit Diktatur drohen. Er werde sich lieber eine Kugel durch den Kopf jagen, brüllt Emil Barth, als mit Sozialdemokraten zusammen in den Ausschuss einzutreten. Stundenlang wird verhandelt, geschrien und gedroht – bis der Hunger so stark wird, dass man sich einigt: Die dreitausend Räte bestätigen das Regierungsbündnis von Friedrich Ebert und Hugo Haase, das nunmehr »Rat der Volksbeauftragten« heißt. Und sie wählen einen Aktionsausschuss, in dem aus beiden Parteien eine identische Anzahl von Mitgliedern sitzt. Damit wird verhindert, dass der Ausschuss eine Gegenmacht zur Regierung bilden kann. Schließlich wird zum dritten Mal eine Republik ausgerufen: die »Deutsche Sozialistische Republik«. Friedrich Ebert verlässt als Sieger den Circus und fühlt sich doch gedemütigt: Statt Kanzler ist er offiziell ein Volksbeauftragter. Er befürchtet, mit diesem Titel vom Militär und vom Ausland nicht mehr ernst genommen zu werden.

Um zweiundzwanzig Uhr trifft Rosa Luxemburg in Berlin ein. Sie kommt mit dem Zug aus Breslau. Ihre Freunde erschrecken, als sie Rosa zur Begrüßung umarmen: Ihr Haar ist weiß, die Haut fahl, unter den Augen zeichnen sich tiefe Ringe ab. Krank wirkt sie und erschöpft. Doch sie klagt nicht und macht sich umgehend auf zur Redaktion der *Roten Fahne*. Dort übernimmt sie sogleich die Leitung und streitet sich fortan mit dem alten Eigentümer um die Rotationsmaschinen. In den nächsten Tagen wird sie bis zur Erschöpfung arbeiten. »So lebe ich im Trubel und in der Hatz seit dem ersten Augenblick und komme nicht zur Besinnung.«

Vor der Tür der *Roten Fahne* wacht unter anderem Fritz Zikelsky, der ein paar Nächte zuvor noch als Deserteur durch Neukölln streifte und Polizisten die Waffen abgenommen hat. Fasziniert beobachtet er, wie eine Zeitung entsteht. Nach der Wachablösung schnappt er sich täglich ein großes Bündel, um es in den Straßen anzubieten. Die Zeitung wird ihm fast aus den Händen gerissen.

Sobald dreihundert Exemplare verkauft sind, geht er zum Schlafen nach Hause.

Mitten in der Nacht klingelt in der Reichskanzlei das Telefon. Jetzt erst erfährt Friedrich Ebert von einer geheimen Leitung, die nur von der Obersten Heeresleitung benutzt wird. General Wilhelm Groener ist am anderen Ende. Sie kennen sich schon länger und vertrauen einander. Auf den General macht Ebert einen gehetzten Eindruck. Als würde er fürchten, jederzeit von Liebknecht über den Haufen gerannt zu werden. Groener sichert Ebert zu, loyal zur Regierung zu stehen – und verlangt dafür, dass die alleinige Befehlsgewalt über die Truppen beim Offizierskorps bleibt. Eine Mitsprache der Räte wäre für ihn eine Katastrophe und der Verlust jahrhundertealter militärischer Macht. Friedrich Ebert wird sich nie über dieses Gespräch äußern. Nur durch den Pakt mit der Armee lassen sich jedoch die Unabhängigen und die Spartakisten wirksam bekämpfen. Am Ende des Telefonats, so wird Groener später berichten, habe sich der Politiker bei ihm bedankt – und nicht umgekehrt. Kurz nach dem Gespräch teilt die Oberste Heeresleitung bereits ihren Oberkommandeuren mit, einen neuen Feind gefunden zu haben: den, wie es heißt, terroristischen Bolschewismus in Deutschland.

Wie effektiv es General Wilhelm Groener gelingt, das Militär von demokratischen Reformen abzuschirmen, wird sich Mitte Dezember auf dem Reichsrätekongress zeigen. Die Delegierten, die sich mit großer Mehrheit zu demokratischen Wahlen bekennen, beschließen unter anderem einen radikalen Umbau des Militärs: Das oberste Kommando soll bei den Volksbeauftragten – der Regierung – liegen, ferner sollen Rangabzeichen abgeschafft und

Offiziere künftig frei gewählt werden. Groener wird gegen diese Beschlüsse so massiv vorgehen, dass sie schließlich nur für die Heimatarmee, nicht aber für das große Feldheer gelten.

Montag, 11. November

Compiègne

Am 11.11. um elf Uhr ist der Weltkrieg vorbei. In einem Eisenbahnwaggon im Wald von Compiègne unterzeichnet Staatssekretär Matthias Erzberger das Waffenstillstandsabkommen, danach unterschreiben Graf Alfred von Oberndorff vom Auswärtigen Amt, General Detlof von Winterfeldt vom Reichsheer und Kapitän zur See Ernst Vanselow von der Marine. Zehn Millionen Soldaten sind tot, davon zwei Millionen Deutsche, darunter 35 000 Mann der Marine, vor allem Soldaten der Luftschiffe und U-Boote. Laut Abkommen sind die besetzten Gebiete in Frankreich, Belgien, Luxemburg, Elsass-Lothringen und des linken Rheinufers zu räumen. Ferner müssen alle deutschen U-Boote ausgeliefert und alle Kriegsschiffe in die Häfen neutraler Staaten oder der Siegermächte überstellt werden. Schon in wenigen Wochen ankert ein großer Teil der deutschen Kriegsflotte in Scapa Flow an der schottischen Ostküste: elf Schlachtschiffe, fünf Schlachtkreuzer, acht Kleine Kreuzer und fünfzig Torpedoboote. Auf Befehl Konteradmiral Ludwig von Reuters gelingt es den wenigen an Bord verbliebenen Seeleuten am 21. Juni 1919, einen großen Teil der deutschen Flotte erfolgreich zu versenken – sodass die Schiffe nicht in feindliche Hände fallen können. Die *Helgoland*, auf der die Meuterei der Matrosen begann, wird erst im August 1920 als Teil der Reparationsleistungen an Großbritannien übergeben – und vier Jahre später abgewrackt.

Berlin

In seiner Klasse erfährt der elfjährige Schüler Raimund Pretzel gleich einmal, was Revolution nicht bedeutet: keine festliche Unordnung, kein lustiges Drunter und Drüber, keine bunte Anarchie. In der Schule habe keine Revolution stattgefunden, erklärt ihnen der Lehrer. Damit ihn die Kinder richtig verstehen, greift er sich einige, die gerade noch auf dem Pausenhof eifrig Revolution gespielt haben, legt sie über eine Bank und verprügelt sie. »Wir alle, die wir der Exekution beiwohnten, empfanden dunkel, dass sie ein Symbol von böser und umfassender Vorbedeutung war. An einer Revolution stimmte etwas nicht, wenn bereits am Tage darauf die Jungen in der Schule für Revolution-Spielen verhauen wurden«, schreibt Pretzel später unter seinem Pseudonym Sebastian Haffner. Ausgerechnet jetzt, da der Krieg zu Ende ist, lernt der Schüler, den Klang leichter und schwerer Maschinengewehre voneinander zu unterscheiden. Sie sind nun häufig in Berlin zu hören.

Am Mittag finden sich Matrosen im Admiralstab in der Bendlerstraße ein. Sie sind vom Obermaat Paul Wieczorek zusammengetrommelt worden. Er hatte gestern die Marinefliegerkaserne in Johannisthal übernommen und damit Luftangriffe auf Demonstranten verhindern können. Nun will er eine Matrosentruppe aufstellen, um die Revolution zu verteidigen. Für fünfzehn Uhr ist zudem ein Treffen im Marstall anberaumt, zu dem alle Berliner Matrosen kommen sollen. Der Vorschlag stammt von einem uniformierten Soldaten ohne Rangabzeichen: Kürassieroberleutnant Graf Hermann Wolff-Metternich. Vorgestern diente er noch im Geheimdienst des Auswärtigen Amts. Doch er sympathisiert mit den Revolutionären und hat von der neuen Reichskanzlei den Auftrag erhalten, eine Sicherheitseinheit zu schaffen. Als die Matrosen erfahren, dass er ein Adeliger ist, erzählt er, dass er auf seine Titel verzichtet hat – und schenkt jedem der sechshundert Mann zehn Mark. Damit darf er bleiben. Die Matrosentruppe wird Volksmarinedivision genannt und von Paul Wieczorek kommandiert.

Käthe Kollwitz ist hin- und hergerissen. Sie freut sich zwar, dass sich Sozialdemokraten und Unabhängige auf eine Regierung geeinigt haben. »Gott sei Dank!« Doch die Waffenstillstandsbedingungen findet sie furchtbar. Ihr Mann Karl sei jedoch so sehr von der Revolution überzeugt, »dass es mir sehr fein ist«.

Empört laufen Albert Einstein, Max Born und Max Wertheimer von der Universität zu Berlin hinüber zum Reichstag. Die drei Professoren wollen sich für ihren Rektor und ein paar Kollegen einsetzen. Diese sind von einem Studentenrat eingesperrt worden. Zudem hat der junge Rat verfügt, dass die Lehranstalt vorerst geschlossen bleibt. Die drei Professoren finden den Studentenrat schließlich in Zimmer 18 im Erdgeschoss des Reichstags. Feierlich erklären die jungen Leute, man wolle zuerst einmal über Studentenrechte und neue Statuten diskutieren. Es tue ihm leid, meint Einstein, wenn die alten Freiheiten aufhörten. Akademische Freiheit habe doch bisher bedeutet, dass die Dozenten frei ihre Themen und die Studenten frei ihre Vorlesungen hätten wählen können – ohne viel Aufsicht und Kontrolle. Am Ende erhalten Einstein, Born und Wertheimer einen Passierschein, um zum Volksbeauftragten Friedrich Ebert vordringen zu können. Der schreibt sofort ein paar Zeilen an den zuständigen Minister. In zwei Tagen wird die Universität wieder öffnen und der Studentenrat bereits Geschichte sein.

Gibraltar

In der Abenddämmerung lässt Marineoffizier Martin Niemöller sein Unterseeboot *UC-67* vor der Straße von Gibraltar auftauchen. Mitte Oktober haben alle U-Boote den Befehl zur Rückkehr in die Heimat erhalten. Den Tag über war Niemöller stets in der Nähe der marokkanischen Küste geblieben und hat durch ein Periskop das Meer beobachtet. Es wäre lebensgefährlich gewesen, bei Tag die Meeresenge zu passieren. Überall lauern feindliche Kriegsschiffe. Nun will er durch die Meerenge auf den Atlantik hinausfahren. Doch vor einem Fischdampfer lässt er noch einmal abdrehen. Erst als der Wind auffrischt, versucht man es nahe den Felsen von Gibraltar und registriert verwundert zwei Torpedoboote, die ungeschützt Lichter anhaben. Erstmals drängt sich Martin Niemöller ein Gedanke auf, den er kaum ertragen kann: Ist der Krieg etwa vorbei? Während es immer kräftiger stürmt, gleitet das U-Boot ungesehen an weiteren, dunklen Schiffen vorbei. Nur einmal pflügt gefährlich nah ein französischer Zerstörer vorbei.

Dienstag, 12. November

Gibraltar

Im Morgengrauen gelangt das U-Boot von Martin Niemöller sicher an Gibraltar vorbei auf den Atlantik. Als ein Funkspruch über den Waffenstillstand informiert, ist Niemöller schockiert. Bis jetzt hat er fest an die Monarchie geglaubt. Den Rückzug der deutschen Truppen von der Westfront hatte er für eine geschickte militärische Taktik gehalten. Er war sich sicher, dass man damit einen günstigen Frieden erzielen wollte. Und jetzt sollte Revolution herrschen? – Noch zwei Jahrzehnte später schreibt er verständnislos in einem auflagenstarken Erinnerungsbuch: »dass gerade in diesem Augenblick im deutschen Volk die selbstmörderische Zwietracht geschürt wurde, das war das Verbrechen von 1918«. Als das Buch 1935 veröffentlicht wird, ist er bereits evangelischer Pfarrer, aber hängt noch den Nationalsozialisten an.

Cuxhaven

Aus Berlin trifft ein Kurier beim Soldatenrat ein. Er legt ein Schreiben vor, dem zufolge sofort tausend Matrosen mit einem Sonderzug in die Hauptstadt fahren sollen. Man brauche sie zum Schutz der Republik. Unterschrieben ist das Papier von Hugo Haase und Friedrich Ebert, den beiden Vorsitzenden der provisorischen Regierung. Niemand in Cuxhaven kennt den Kurier, und keiner ist sich sicher, ob der Auftrag überhaupt echt ist. Als oberster Soldatenrat von Cuxhaven lässt Karl Baier im Büro von Haase anrufen, der alles bestätigt. Wenig später fahren sechshundert Matrosen in Sonderzügen nach Berlin. Sie werden sich morgen in Berlin der Volksmarinedivision anschließen, die Ende des Monats 3250 Mann zählen wird. Ihre Aufgabe wird es sein, die Reichskanzlei, die Reichsbank, die Museumsinsel und zentrale Regierungsgebäude zu schützen.

Amerongen

Im Wagen erreicht Wilhelm II. das Schloss Amerongen in den Niederlanden, das von zwei breiten Wassergräben umgeben ist. Hier wird der Kaiser die nächste Zeit verbringen, bevor er im nahen Schlösschen Haus Doorn sein endgültiges Exil findet. Ihm sind zwar nur wenige Begleiter gestattet, aber die niederländische Regierung erlaubt den Deutschen bald sogar Waffen. Ferner dürfen sie sich in ziviler Kleidung frei im Land bewegen. Die Gastgeber – die Familie des Grafen Godard von Bentinck – haben erwartet, der Kaiser benötige Ruhe und werde sich zum Essen auf ein Zimmer zurückziehen. Doch der will lieber reden. Man speist in großer Runde und lamentiert anschließend stundenlang im Salon über den verlorenen Krieg. »Dreißig Jahre habe ich nun diese wahnsinnige Verantwortung auf mir, dreißig Jahre habe ich meine ganze Kraft fürs Vaterland eingesetzt«, klagt der Kaiser. »Dies ist nun der Erfolg, dies der Dank. Nie hätte ich geglaubt, dass die Marine, mein Kind, mir so danken würde. Nie hätte ich es für möglich gehalten, dass meine Armee sich so schnell zersetzen würde. Alle haben mich im Stich gelassen, für die ich so viel getan! Ludendorff, Bethmann und Tirpitz sind daran schuld, dass wir den Krieg verloren haben.« Formal ist Wilhelm noch immer Kaiser. Erst Ende November wird er seine Abdankung unterschreiben. – General Erich Ludendorff ist da bereits mit einem finnischen Diplomatenpass nach Schweden geflohen. »Die größte Dummheit der Revolutionäre war es, dass sie uns alle am Leben ließen«, wird der General sagen und dies auch mehrmals in ähnlicher Form wiederholen. »Na, komme ich mal wieder an die Macht, dann gibt's kein Pardon. Mit ruhigem Gewissen würde ich Ebert, Scheidemann und Genossen aufknüpfen und baumeln sehen!«

Wilhelmshaven

Sieben Jahre nach seinem ersten Tag an Bord der *Helgoland* betritt der Matrose Carl Richard Linke ein letztes Mal das Schiff. Er geht hinunter in die Kasematten, streift allein durch die Offiziersmesse und das Achterschiff, das unordentlich und verwaist ist. Unter Deck sieht er den Ersten Offizier, der einen verlassenen, in sich gekehrten Eindruck macht. Er trifft nicht viele alte Bekannte, die meisten sind bereits fort. Doch er ist begeistert, dass sein Kamerad Paul Rothe in Cuxhaven die erste rote Flagge im Deutschen Reich gehisst hat.

Carl Richard Linke verlässt Wilhelmshaven ohne allzu großes Bedauern. Als er sich mit einigen Kameraden nach Bremen aufmacht, wollen sich ihnen auch Unteroffiziere anschließen. Er weist sie ab. Wer früher nicht den Mut gehabt habe, sich offen an die Seite der Matrosen zu stellen, werde jetzt nicht mehr benötigt. Er triumphiert nicht, fühlt sich aber als Sieger der Geschichte. »Selbstlose Kameradschaftstreue der Matrosen hat über egoistische, phrasenhafte Offiziersvaterlandsliebe gesiegt.« In wenigen Wochen wird sich Linke von den letzten Kameraden verabschieden. »Abschiednehmen ist der Vorahnungsgeschmack des Todes«, schreibt er auf der letzten Seite seines Tagebuches. »Keiner sagte diesmal: ›Bald sehen wir uns wieder!‹ Man vernahm nur das Wort: ›Vielleicht sehen wir uns noch einmal wieder – Vielleicht!‹«

13. November

In Cuxhaven erhält Joachim Ringelnatz einen Brief von seiner Mutter, der in großen Lettern überschrieben ist: »Am schrecklichsten Tag seit hundert Jahren – 9. November 1918. Mutter war vor der österreichischen Revolution nach München geflohen.« So etwas Fürchterliches hätten sie beide wohl nie vorausgesehen, obwohl auch sie seit dem Eintritt Amerikas in den Krieg nicht mehr an einen deutschen Sieg geglaubt habe. Das Schlimmste sei der Zusammenbruch. »Ich stehe nun ganz arm da, denn die kleinen Ersparnisse Papas sind ja hauptsächlich in deutschen Reichsanleihen angelegt. Nun will ich sehen, sobald als möglich eine bezahlte Stellung zu finden – nur ein paar Wochen muss ich ruhen und meine Kleider ausbessern. Der schmutzige Geizhals Müller hat mir nichts zur Reise gegeben; ich bat ihn um ein altes, warmes Kleid, das noch von seiner Frau dahing, bot ihm 50 Mark dafür, aber er schlug mir's ab und sagte: wenn du bis Ostern dableibst, kannst du es kriegen! – Das Erschreckendste wird wohl die Bekanntgabe der Friedensbedingungen sein. – Ach, unsere schöne Flotte! – Alles bricht zusammen – ja, es ist gut, dass Papa es nicht mehr erlebt! Ich denke an die Stimmung, als 1871 Frieden geschlossen wurde – und heute!!« Als später Hühner und Kaninchen unter den Matrosen verlost werden, gewinnt Ringelnatz einen Gockel, den er mit Freunden zusammen als ein Abschiedsmahl zubereitet. Nach ein paar Gläsern Wein und etlichen Schnäpsen torkelt er ins Kasino, um zu hören, was es Neues gibt. Wilhelmshaven und Warnemünde, heißt es, seien von den Engländern besetzt worden.

★

Erstmals betritt Albert Einstein mit einer politischen Botschaft die Bühne. »Genossen und Genossinnen«, ruft er den mehr als tausend Gästen bei einer Veranstaltung des Bundes Neues Vaterland in den Berliner Speichersälen zu. Er bittet darum, dass man ihm, der ein alter Demokrat sei und nicht habe umlernen müssen, einige Worte gestatte. Die alte Klassentyrannei von rechts dürfe nicht durch eine Klassentyrannei von links ersetzt werden. »Lasst Euch nicht durch Rachegefühle zu der verhängnisvollen Meinung verleiten, dass Gewalt durch Gewalt zu bekämpfen sei, dass eine vorläufige Diktatur des Proletariats nötig sei, um Freiheit in die Köpfe der Volksgenossen hineinzuhämmern.« Einstein blickt zuversichtlich in die Zukunft. »Etwas Großes ist erreicht. Die militärische Religion ist verschwunden. Ich glaube, sie wird nicht wiederkehren«, schreibt er dieser Tage in einem Brief. Und einem Bekannten gegenüber äußert er: »Wenn England und Amerika besonnen genug sind, um sich zu einigen, kann es Kriege von einiger Wichtigkeit überhaupt nicht mehr geben.« Er selbst sei überzeugt, dass kulturliebende Deutsche auf ihr Vaterland schon bald stolz sein dürfen – mit mehr Grund als vor 1914. »Ich glaube nicht, dass die gegenwärtige Desorganisation dauernde Schäden zurücklassen wird.« Und in ein paar Wochen spottet er über die Akademie: »Drollig sind nun auch die Sitzungen der Ak.; die alten Leutchen sind größtenteils ganz desorientiert und schwindlig. Sie empfinden die neue Zeit wie einen traurigen Carneval und trauern nach der alten Wirtschaft, deren Verschwinden unsereinem eine solche Befreiung bedeutet.« Damit dürfte er auch den hadernden Kollegen Max Planck meinen.

14. November

Admiral Reinhard Scheer tritt als Chef der Seekriegsleitung zurück. Auf Vortragsreisen wird er sich reinwaschen und Stimmung machen gegen eine Politik, die nicht zu einem letzten Angriff bereit gewesen sei. Nichts aber habe ihn mehr enttäuscht als die Matrosen und Heizer. Sie seien manipuliert worden – bis sie glaubten, nutzlos geopfert zu werden. »In diesem Irrglauben wurden sie bestärkt, weil sie in dem Verhalten der Regierung keinen Willen zur entschlossenen Tat mehr erkennen konnten«, hält er fest. Und er wird vor Tausenden von Menschen schimpfen, dass sich die Übeltäter auf den Schiffen schwer am deutschen Wesen versündigt hätten. Warum der Aufstand auf den Schiffen ausgebrochen sei, habe er nicht begriffen. Er stehe vor einem Rätsel, behauptet er und wird den Mythos nähren, das Reich sei von sich selbst besiegt worden. Schuld seien typisch deutsche Nörgelsucht und Niedertracht. – Zehn Jahre nach dem Krieg, im Herbst 1928, erfährt Reinhard Scheer, dass er für das Amt des Reichspräsidenten vorgesehen ist. Er soll Nachfolger Paul von Hindenburgs werden. Doch dann stirbt er an einer Lungenembolie.

17. November

Was er für die Kunst im neuen Staat erwarte? »Nichts und Alles: Freiheit!«, antwortet Max Liebermann dem *Vorwärts* knapp. »Aber künstlerische Freiheit ist nicht Gesetzlosigkeit, sondern die Kunst ist autonom, sie und kein Anderer schreibt ihr die Gesetze vor. Kunst ist Gewissenssache: es schaffe ein jeder Künstler so gut er's vermag, dann schafft er am besten für das Volk.« Der neuen Künstlervereinigung mit dem programmatischen Namen »Novembergruppe« von Max Pechstein und César Klein schließt er sich nicht an. Ihr gehören bald mehr als hundert Maler, Bildhauer, Architekten, Musiker und Theaterleute an, darunter Wassily Kandinsky, Paul Klee, Lyonel Feininger, Käthe Kollwitz, Ludwig Mies van der Rohe, Alban Berg, Kurt Weill, Bertolt Brecht und Walter Gropius (der zugleich einen »Arbeitsrat für Kunst« leitet).

»An die Novembergruppe«, schreibt der Maler Curt Stoermer: »Expressionisten, Kubisten, Futuristen. Ihr habt den Ruhm, zum großen Teil die Revolution vorbereitet zu haben. Spätere Geschlechter werden es erkennen. Denn ihr schrieet, als die anderen noch wimmerten. Jetzt ist man am Werk, diese eure Revolution zu verwässern. Treibt keine Konjunkturpolitik, keine Konjunkturkunst, Expressionisten, lasst euch nicht führen von Leuten, die als ›Geistige‹ versuchen, die Pseudokulturgüter des Kapitalismus in die neue Freiheit hinüberzuretten. Ihr seid Führer. Stellt euch auf den absoluten Boden des Sozialismus, zerstört das Alte, um unbeschwert neu aufzubauen. Seid nicht nur Expressionisten in Kunst, sondern Expressionisten der Menschlichkeit. Kubisten, nieder mit der kapitalistischen Kunstform. Hinein in die Menschheitswoge, zersplittert euch, gebt euch hin.« Im Namen der Gruppe finden Lesungen, Konzerte und Ausstellungen statt, in Berlin, Rom, Moskau und Japan.

6. Dezember

Lothar Popp nimmt an einer Tagung der Unabhängigen in Berlin teil. Aus dem ganzen Land sind Delegierte gekommen. Als Karl Liebknecht fordert, alle Macht den Arbeiter- und Soldatenräten zu übertragen, entgegnet Popp kurz, dies sei längst eine Tatsache, die man nicht mehr fordern müsse. Aber wie sollte man reagieren, fragt er, wenn diese Räte eine Nationalversammlung wollen. Eine Revolution gegen den Willen der Revolutionäre könne man sich nicht gut vorstellen. Lothar Popp wird keine Antwort erhalten. Denn in diesem Moment erfahren die Delegierten, dass an der Maikäferkaserne geschossen wurde – und damit ein Bürgerkrieg droht. »Das ist der Schuss ins Herz der Revolution«, ruft Popp, während Rosa Luxemburg aufsteht und Liebknecht auffordert: »Komm Karl, jetzt ist Zeit zu handeln, nicht zu schwätzen.« Lothar Popp ist empört. – Sechs Wochen später, am 15. Januar, werden Liebknecht und Luxemburg von einer Garde-Kavallerie-Schützen-Division in Berlin ermordet; der Sozialdemokrat Noske ist vorab informiert worden. Rosa Luxemburg hat geahnt, dass sie sterben würde, und Mitte November in einem Brief geschrieben: »Mich tröstet nur der grimmige Gedanke, dass ich doch auch vielleicht bald in Jenseits befördert werde – vielleicht durch eine Kugel der Gegenrevolution, die von allen Seiten lauert.«

9. Dezember

Vor gut einem Monat ist der Matrose Paul Eichler in seiner Heimatstadt Leipzig angekommen und hat sich sofort den Revolutionären angeschlossen. Nun hält er inne, um den Eltern seines alten Freundes Albin Köbis zu schreiben – jenes Heizers, der im Herbst 1917 in Köln hingerichtet worden ist. »Seit ich Ihren lieben Sohn kennen lernte waren wir beide unzertrennlich bis auf den 3. August, denn er hat denselben Sinn und Verstand und neigte der Politik zu und so gab es nur eins für uns, wie befreien wir uns aus der Knechtschaft der Reaktionäre die den Krieg führen wollen bis zum Äußersten.«

Auch Paul Eichler hat sich massiv gegen die Befehle gewehrt. In seinem Führungsbuch wird ihm deshalb eine zweifelhafte Gesinnung attestiert. Er bedürfe stets der Aufsicht, heißt es, sei ein halsstarriger Mensch, allem Dienst unzugänglich, durchaus unmilitärisch, voller Bitterkeit gegen seine Vorgesetzten und beeinflusse seine Kameraden, wodurch er eine Gefahr für das Schiff sei. Er neige zur Widerrede und müsse daher kurzgehalten werden.

Der gelernte Schlosser Eichler hat sich 1911 zur See gemeldet. Er diente während des Krieges als Heizer auf der *Prinzregent Luitpold*, erlebte die Skagerrakschlacht und protestierte 1917 mit Albin Köbis und Hunderten anderen für eine bessere Verpflegung. Während der Freund zusammen mit Max Reichpietsch im Marinegefängnis in Köln hingerichtet wurde, kam Eichler in eine Strafkompanie nach Flandern.

»Max Reichpietsch und Albin sind wohl tot, aber sie werden ewig bei uns in Erinnerung bleiben, denn es ist ja noch nicht ausgeschlossen ob vielen von uns das Leben erhalten bleibt, denn mit meinem Leben werde ich die Republik verteidigen wie unsere besten erschossen worden sind«, schreibt Paul Eichler den Eltern des Kameraden. »Denn unsere Saat, die wir ausgestreut haben, trägt jetzt ihre Früchte.« Zusammen mit anderen Matrosen wolle er für die Eltern der beiden toten Freunde ein großes Bild des Sohnes herstellen lassen. »Bin Ihnen im Auftrage der Kameraden sehr dankbar, wenn Sie uns die Erlaubnis erteilen, um unseren lieben Freund Albin. Denn jetzt ist die alte Macht zu Boden geschmettert, aber sollten sie es wagen, wie sie es an vielen Orten schon gethan haben, dann will ich mit Freude das Gewehr ergreifen und mein Leben für eine gerechte Sache hingeben.« Er schließt mit vielen Grüßen und in der Hoffnung auf ein gutes Entgegenkommen.

6. Mai 1919

In der bayerischen Metropole hat das Leben seine Leichtigkeit schon wieder verloren. Vor drei Monaten, am 21. Februar, ist Kurt Eisner auf offener Straße ermordet worden – nur wenige Momente bevor er im Landtag seinen Rücktritt als erster bayerischer Ministerpräsident öffentlich machen wollte. Auf der Gedächtnisfeier wurde er von Heinrich Mann gewürdigt: »Wer so unwandelbar in der Leidenschaft der Wahrheit und, eben darum, so mild im

Menschlichen ist, verdient den ehrenvollen Namen eines Zivilisations-Literaten. Dies war Kurt Eisner. Er ging aus einer Zeit des Wahnsinnes und Verfalles mit ungebrochener Vernunft hervor. Er liebte die Menschen, traute ihnen die Kraft zur Wahrhaftigkeit zu, und erwartete daher noch so viel von ihnen, dass er sich hütete, alles auf einmal zu verlangen.«

Im April regierte für einige Wochen eine kommunistische Räterepublik, die von einer »Roten Armee« unter Rudolf Egelhofer geschützt wurde. Egelhofer war bereits als Matrose am Kieler Aufstand beteiligt gewesen. Doch in den ersten Maitagen wurde München von national gesinnten Truppen erobert. Inzwischen haben die Sozialdemokraten die bayerische Regierung übernommen, aber die Stadt ist nicht zur Ruhe gekommen.

Heute macht sich der Matrose Richard Stumpf mit Kameraden zum Karolinenplatz auf, der nahe der Altstadt liegt. Er hat sich einem Freikorps angeschlossen, aber bislang nicht an Gefechten teilgenommen. Doch an diesem Tag erlebt er, wie seine Kameraden einundzwanzig Mitglieder des katholischen Gesellenvereins St. Joseph massakrieren. Sie halten sie für Spartakisten und lassen sich durch keine Beteuerung beirren. Erschüttert verlässt Stumpf anschließend die Einheit. Viele Jahre später schreibt er auf einer Art Postkarte: »Mein lieber ältester Sohn Lothar möge sich fürs Leben merken, dass der Krieg der Inbegriff aller Laster ist. Seines Lebens höchster Ehrgeiz sei Kampf für den Frieden. Dein besorgter Vater Richard.« Für ein Foto posiert er mit seiner Frau und den vier Söhnen, die alle einen Kieler Knabenanzug tragen.

Zitate

Montag, 28. Oktober

»Unsere Kameraden liegen wohl auch draußen ...«,
Stachelbeck (2013), 202
»jeder Niet jeder Planke, jedem Schräubchen ...«, Huck et al. (2014), 123
»äußerst erschöpfte Kampfestiere«, ebd.
»Unser aller Gefängnis«, ebd., 119
»Da ist nun wieder diese Welt ...«, ebd.
»Abfallsammelstellen«, ebd., 128
»Ihr Dämelsäcke, ihr Affengesichter ...«, Jentzsch und Witt (2016), 154
»Ob Sie verrecken oder nicht ...«, ebd.
»Ihr verfluchten Schweinehunde ...«, Neuland (1991), 18
»Ihr bekommt immer noch ...«, Huck et al. (2014), 20
»Ich hätte jeden für einen Narren erklärt ...«, Huck et al. (2014), 23
»Ich kann mir kein beruhigenderes Gefühl ...«, ebd., 123
»Allmählich geht mir eine ganze Bogenlampe auf ...«, ebd., 23

Dienstag, 29. Oktober

»Kanonenschwoof«, Huck et al. (2014), 124
»Hampelmanndienst mit Unterricht«, ebd.
»Meine allzeit optimistische Seele ...«, Stumpf (1927), 201
»Was wird nun geschehen ...«, ebd., 203
»Wir verfeuern unsere letzten ...«, Rosentreter (1988), 15
»Dann fahr mal alleine los«, Malanowski (1968), 15
»Schmeißt die Arbeit nieder ...«, Dähnhardt (1978), 52
»Wer so lange unter dem Bewusstsein ...«, Stumpf (1927), 207
»Jahrelang angehäuftes Unrecht ...«, ebd., 208
»Das geplante Gefechtsbild ...«, Jentzsch und Witt (2016), 168
»Nun stehen wir allein ...«, Ilsemann (1967), 30
»Weltpolitik als Aufgabe ...«, Huck et al. (2014), 108

Mittwoch, 30. Oktober

»Dir woll'n wir …«, Rosentreter (1988), 98
»An den Untergang unseres Volkes …«, Jones (2017), 35
»Aus der Flut von Hass …«, ebd.
»Aus einem ehrenvollen Kampf …«, Jentzsch und Witt (2016), 167
»Nieder mit dem Krieg …«, Laschitza (2009), 3
»Ein blasser, stummer, düsterer Asket …«, Langer (2009), 105
»Das Haar, das er ehedem wellig trug …«, ebd.
»Wir müssen zur Tat schreiten …«, ebd.

Donnerstag, 31. Oktober

»Lieber Papa … wenn Du wüsstest …«, Rosentreter (1988), 18
»Auf alle Fälle ist es mit der Herrlichkeit aus …«, Stumpf (1927), 208

Freitag, 1. November

»Marine und wieder Marine …«, Habeck et al. (2008), 58
»Nun ist es aber genug …«, Ilsemann (1967), 31
»Vater und Söhne denken gleich …«, ebd.
»Ich bin jetzt hier bei meiner Armee …«, ebd.
»Es ist nichts mehr los mit mir …«, Wiborg (2000), 129
»Man kann eine solche Armee nicht großzüchten …«, ebd., 124
»Es ist der von mir sooft gebrauchte Vergleich …«, ebd.
»Es erscheint mir so außerordentlich …«, Stubmann (1926), 301
»vom unsinnigsten aller Kriege«, ebd., 307
»Wenn die Revolution kommt …«, Wiborg (2000), 126

Samstag, 2. November

»Wir tun niemand was …«, Malanowski (1968), 16
»Kameraden, schießt nicht auf Eure Brüder!«, Habeck et al. (2008), 19
»Sie legen um 1 die Arbeit nieder …«, Kessler (2004), 609
»Das Vaterland ist der Staat …«, Linke (1918), 298
»Sentimentale Eingeschaften können nur …«, ebd.
»Du, Willy, da in Schlicktau …«, ebd., 299
»Wir müssten uns vor unseren Kindern …«, Barth (2003), 148

»Es kommt nicht zur Reichstagswahl ...«, Schmolze (1969), 75
»lächerliche Karikatur ...«, Köglmeier (2001), 17
»öde, geistlose und verlogene Vereinsmeierei«, ebd.
»Was geht uns die Polizei an!«, Schmolze (1969), 75
»Uns hat kein Mensch mehr etwas zu sagen ...«, ebd.

Sonntag, 3. November

»äußerst gefährlichen Zuständen ...«, Dähnhardt (1978), 61
»wenn irgend möglich ...«, ebd.
»Aufhören!«, Rosentreter (1988), 36
»Wir müssen unsere verhafteten Kameraden befreien!«, ebd.
»Kameraden, das ist erst der Anfang ...«, Plievier (1932), 145
»Zurückbleiben, ich lasse schießen ...«, Habeck et al. (2008), 23
»Und wenn ich mir mein Schloss zerschieße ...«, Röhl (2009), 1242

Montag, 4. November

»Reise, reise, hoch das Bein ...«, Plievier (1932), 152
»Willkommen, Kameraden Bolschewiki!«, Rosentreter (1988), 39
»Soldat soll gehorchen, Soldat muss gehorchen ...«, ebd., 41
»Die Regierung hat mich beauftragt ...«, Artelt zit. n. Institut f. Marxis-
    mus (1958), 99
»Also meine Herren, Sie irren sich ...«, Popp (2013), 17
»Da er mehrere Millionen im Jahr verdient hat ...«, Kessler (2004), 613
»Wie steht es mit dem Zusammenhang ...«, Weber (1991), 114
»Die bürgerliche Gesellschaft hat ein zähes Leben ...«, ebd.
»tollen Mummenschanz«, Kaube (2014), 384
»ekelhaften mesquinen Karneval«, ebd.
»eine Art von Narkotikum«, ebd.
»Pariavolk der Erde«, ebd., 386
»anarchistisch überanstrengt«, Schmolze (1969), 76
»Die Geister, die ich rief ...«, Mann (1979), 62
»Alle so einfach ... und volkstümlich ...«, Schmolze (1969), 76
»Und obwohl man um die Biertische ...«, ebd.
»Haben Sie oder Sie oder Sie ...«, ebd.
»Hier, die Herren Professoren können Französisch ...«, ebd.

»dass die Soldaten, die ihre Haut zu Markte …«, Karlauf (2007), 470
»Ein Volk, das zu politischer Reife …«, ebd.

Dienstag, 5. November

»Was sich gestern in Kiel ereignet hat …«, Habeck et al. (2008), 44
»Öh, dor hebbt se all wedder enen!«, Habeck et al. (2008), 45
»Das Alte stürzt, und das Proletariat …«, Ullrich (2009), 30
»Wir sind ganz rot, gar scharf …«, Ringelnatz (1966), 306
»Eine deutsche Revolution würde …«, Spartakusbrief (1918), 463
»Der Krieg ist aus!«, Rosentreter (1988), 70
»Seid mäßig und prüft lange …«, Ringelnatz (1966), 297
»Besprecht euch jetzt ohne mich«, ebd., 298
»Wir wollen in dieser ernsten Stunde …«, ebd.
»Wir sind Delegierte des Soldatenrates …«, ebd.
»Ich will nicht mehr, aber auch nicht weniger …«, ebd., 299
»Wenn ihr eure Sache mit Gott …«, ebd.
»Raucht erst einmal kein Fabrikschornstein …«, Billstein (1979), 203
»Wie gut, dass ich mal die Faust …«, Ilsemann (1967), 34
»Die Marine hat gestern in Kiel gemeutert«, ebd.
»Ja, wissens, dös san zvui gwesen …«, Schmolze (1969), 81
»Nur noch kurze Zeit«, ebd.
»Ehe achtundvierzig Stunden …«, ebd.
»Zu den Kasernen«, ebd.
»Nicht in dieser Nacht …«, ebd.
»Die Sache des Volkes …«, ebd.

Mittwoch, 6. November

»Das Hampelmannspielen ist nun vorbei …«, Habeck et al. (2008), 57
»Soldatenrat wird nicht anerkannt …«, ebd., 55
»dieser große Heldenvater«, Linke (1918), 301
»Boot – ahoi«, »Freiheit, die ich meine«, ebd., 302
»Hier Leutnant Hester …«, Ringelnatz (1966), 299
»Meine Leute sind, wie Sie befohlen haben …«, ebd.
»Machen wir beide nichts …«, ebd.
»Wir haben nichts mit Offizieren zu tun …«, ebd., 300

»Landrat Ottendorf meldet …«, Malanowski (1968), 38

»Ich raten Ihnen, Herr General, dringend …«, ebd., 34

»Meine Herren, wir wissen nicht …«, ebd., 34

»Die Revolution marschiert!«, Rosentreter (1988), 94

»Ich staune wirklich über die Kunst …«, Billstein (1979), 205

»Die Versammlung beklagt und ehrt die Opfer …«, Standt (2014), 619

»großdeutsche sozialistische Republik«, ebd.

»sinkenden Schiff«, Pufendorf (2006), 134

»Heute bringen die Zeitungen die Nachricht …«, ebd.

»Das deutsche Volk ist *doch* nichtswürdig …«, ebd.

Donnerstag, 7. November

»Mensch sei helle …«, Plievier (1932), 222

»Kameraden, Arbeiter …«, ebd., 224

»Nieder mit dem Militarismus«, ebd.

»Nach dem Rennelberg«, ebd.

»Allmähliche Inbesitznahme, Ölfleck …«, Kessler (2004), 619

»Wenn es mir gelingt …«, Haffner (2015), 76

»Wenn der Kaiser nicht abdankt …«, Ullrich (2009), 33

»um die Massen bei der Stange zu halten«, ebd.

»ja … ja … ja …«, Weymar (1955), 63

»Sehen Sie zu, wie Sie damit fertig werden«, ebd., 64

»Alles, was jetzt untergeht …«, Lemke (2014), 88

»Eine äußerst gescheite und intelligente Person«, ebd., 91

»Weibliche Erotik en public …«, ebd.

»alle latenten Möglichkeiten …«, Laschitza (2009), 17

»Ich erwarte noch viel Großes …«, Gallo (1993), 325

»Die herrlichen Dinge in Russland …«, Malanowski (1968), 28

»Ohne allgemeine Wahlen …«, Gallo (1993), 331

»Eher kann ich mir … Jedenfalls herrscht …«, ebd., 325

»Heute ist der Tag des Schicksals …«, Malanowski (1968), 47

»Reden Sie doch nicht immer von Eisner …«, Schmolze (1969), 82

»Eisner ist erledigt …«, ebd.

»Eisner wird heute Nachmittag …«, ebd., 87

»Majestät, schaug'n S, dass hoamkumma …«, ebd., 93

»Nieder«, »Hoch«, Graf (1966), 69 f.

»Wie einzelne Bienenschwärme …«, Schmolze (1969), 88
»Soldaten! Auf in die Kasernen!«, Köglmeier (2001), 40
»Hoch der Friede und die Revolution«, Mühsam (2014), 192
»eine Art Karneval«, Feuchtwanger (1984), 118 f.
»Wally, an Schweinshaxn!«, Schmolze (1969), 93
»Nichts, gar nichts von alledem!«, ebd., 94
»Teils unwillig, teils hingezogen …«, ebd., 91
»Nieder mit der Dynastie«, Mann (1979), 58
»Republik«, ebd.
»Albernes Pack«, ebd.
»Aber die Sängerin kümmerlich«, ebd., 59
»Das Ewige stimmt …«, ebd., 61
»Das Menschliche ist dem Politischen …«, ebd.
»Mittlerweile haben wir den blühenden Bolschewismus …«,
    Ilsemann (1967), 34
»Ausgangspunkt und Seele …«, ebd.
»Die bayerische Revolution hat gesiegt«, Schmolze (1969), 99
»Wir haben die Republik …«, ebd.
»Revolutionär, aber friedlich …«, Mann (1979), 59
»Schaffen Sie alles her …«, Schmolze (1969), 104
»Ist es nicht etwas Wunderbares …«, ebd.
»Ich sehe in der Revolution ein Mittel …«, Spengler (1963), 112
»Ich sehe voraus …«, ebd.
»eine Diktatur, irgend etwas Napoleonisches …«, ebd., 113
»Eine lächerliche Nachgiebigkeit …«, ebd.
»Es wird sich erst noch zeigen …«, Felken (1988), 92

Freitag, 8. November

»Das ist doch kaum glaublich … Stellt euch vor …«, Geyer (1976), 72
»Eine Schlawinerregierung …«, ebd.
»Seien Sie ganz still … Herr General …«, ebd., 73
»Ich habe keine Vorschläge zu machen«, Haffner (2015), 74
»Seid zufrieden, Kameraden …«, Stumpf (1927), 210
»geringe Spuren eines elegischen Galgenhumors«, Wiborg (2000), 126
»Durch den Mut und die Entschlossenheit …«, Neuland (1991), 24
»Das war ein wild dreinblickender …«, Zuckmayer (1966), 327

»Die Revolution stinkt nach Schnaps …«, ebd.

»Wir haben in den letzten Tagen …«, Malanowski (1968), 50

»Die armen Teufel …«, Hofmiller (1938), 29

»Jetzt hamma d'Revoluzzion …«, Malanowski (in: *Der Spiegel*,
   11. 11. 1968), 116

»Bal i nimma schiaß'n derf …«, ebd.

»Die unbefangene Mischung …«, ebd.

»Raub im Kaufhause Tiez«, Mann (1979), 61

»Sturm der Weiber …«, ebd.

»Dumpfer Schnupfenkopf …«, ebd., 62

»Die Revolution wird durch trockenes …«, ebd., 61

»Übrigens wird die Revolution …«, ebd.

»Bei uns ist Mitregent …«, ebd., 63

»Jedenfalls ist es so, wir sind …«, Ullrich (2009), 33

»Die Sozialdemokratie versucht …«, ebd.

»Vor vier Jahren in dieser Nacht«, Kollwitz (1989), 376

»Es ist jetzt halb zehn … Morgen ist Generalstreik …«,
   Haffner (2015), 79

»Wie kommen Euer Exzellenz zu der Meinung …«, ebd.

»Will's Gott, sehen wir uns …«, Jones (2017), 61

»Werdet ihr in Berlin nicht anderes Sinnes …«, Ilsemann (1967), 35

»ich bin nicht feige … ich gehe nicht fort … ich gehöre zur Armee«,
   Barth (2003), 194

»Merkwürdiges Gefühl …«, Pufendorf (2006), 135

»Als ob man in einer völlig neuen …«, ebd.

Samstag, 9. November

»Die Truppe ist Eurer Majestät …«, Plievier (1932), 295

»Ich habe lange genug regiert …«, Haffner (2015), 85

»Ich habe keine Marine mehr«, Scheer (1920), 499

»Sind denn die paar Matrosen …«, Plievier (1932), 294

»Alles kommt darauf an …«, Malanowski (1968), 52

»Fiel aus wegen Revolution«, Neffe (2005), 285

»Das Große ist geschehen!«, Hoffmann (2008), 73

»Unglaubliches hat nun Europa …«, ebd.

»Ohne den deutschen Militarismus …«, ebd.

»Deutsches Heer und …«, ebd.

»welche europäische Kriege ebenso …«, Neffe (2005), 284

»Der Kaiser und König hat sich entschlossen …«, MvBaden (1927), 634

»Ach was, sag einfach ja«, Plievier (1932), 305

»Ich hasse instinktiv …«, Kaube (2014), 388

»Mitbürger! Ich bitte Euch alle dringend …«, Plievier (1932), 308

»Ein Versagen der Organisation …«, MvBaden (1927), 634

»Mir griff es doch an die Gurgel …«, Kessler (2004), 624

»Bis auf das Geschrei …«, ebd., 625

»Ebert Reichskanzler!«, Kollwitz (1989), 378.

»Philipp, du musst herauskommen …«, Malanowski (1968), 57

»Der Kaiser hat abgedankt …«, Langer (2009), 128

»Unerhörtes ist geschehen …«, ebd.

»Das alte und morsche …«, ebd.

»Ist das wahr?«, ebd.

»Du hast kein Recht …«, ebd.

»Was aus Deutschland wird …«, ebd.

»Hoch das freie Deutschland!«, Kollwitz (1989), 379

»Man erlebt es …«, ebd.

»In Langgrün hat es die Nacht gebrannt«, Piper (2017), inforadio.de

»In Bayern ist …«, ebd.

»Trauriger Anblick …«, ebd.

»Was damit zusammen hängt …«, Meckel (2017), regionalgeschichte.net

»Geschäft war natürlich soviel wie o …«, ebd.

»Der ganze Aufbau …«, ebd.

»Im Übrigen lässt alles sich …«, Mann (1979), 64

»In dem neu konstituierten Ministerium …«, ebd.

»Überhaupt sehe ich den Ereignissen …«, ebd.

»Gegenrevolution«, »Der Rupprecht ist da!«, Jones (2017), 59

»Er ist schon …«, »Aus ist's …«, ebd.

»Hier ist die Revolution ausgebrochen«, Kiesel (2009), 139

»Ah, Kamerad kaputt!«, Ilsemann (1967), 46

»Der Tag der Revolution …«, Langer (2009), 129

»Wir haben den Frieden erzwungen …«, ebd.

»Durch dieses Tor …«, ebd.

»Matrosen seien angekommen …«, Schoeller (2011), 181

»Hier sitze ich in dem verfluchten Nest …«, ebd.

»So feiert man Revolution«, ebd.

»Man schreibt sich einen Urlaubsschein …«, ebd.

»Überreste eines Heeres …«, Kessler (2004), 626

»Wartet hier im Vorzimmer«, Haffner (2015), 104

»Ich bin freudig erschüttert …«, Cauer (1925), 223

»Wo sich dann die Leute wahrscheinlich …«, Ringelnatz (1966), 305

»So schließt dieser erste Revolutionstag …«, Kessler (2004), 627

Sonntag, 10. November

»an alle Proletarierer …«, Popp (1918), 30

»Über der deutschen Flotte …«, ebd.

»Wenn Kant schon …«, ebd.

»Was die Revolte von …«, Habeck et al. (2008), 69 f.

»Vom Monarchisten zum …«, Stumpf (1927), 212

»Der 10. November wird in der Geschichte …«, ebd., 213

»Die größte aller Revolutionen …«, *Berliner Tageblatt*, 10. November

»Noch vor einer Woche …«, ebd.

»1918/19 habe ich überhaupt …«, Hepp (1988), 46

»Die Verhältnisse zwingen uns …«, Malanowski (1968), 63

»Alles etwas gedämpft …«, Ullrich (2009) 39 f.

»Bitte Entschluss Regierung …«, Haffner (2015), 113

»Diszipliniert, kaltblütig …«, Kessler (2004), 629

»Ein Gegenstück …«, ebd.

»Mir ihr darüber gesprochen …«, Kollwitz (1989), 380

»Die Gegenrevolution ist auf dem Marsche …«, Ullrich (2009), 37

»Einigkeit, Einigkeit«, »überflüssig«, Haffner (2015), 117

»So lebe ich im Trubel und in der Hatz …«, Gallo (1993), 342

Montag, 11. November

»Wir alle, die wir der Exekution …«, Haffner (2003), 33

»Gott sei Dank!«, Kollwitz (1989), 381

»dass es mir sehr fein ist«, ebd.

Dienstag, 12. November

»dass gerade in diesem Augenblick ...«, Niemöller (1935), 133
»Die größte Dummheit der Revolutionäre war es ...«,
    Haffner (2015), 124
»Na, komme ich mal wieder an die Macht ...«, ebd.
»Selbstlose Kameradschaftstreue ...«, Huck et al. (2014), 26
»Abschiednehmen ist der Vorahnungsgeschmack ...«, ebd., 129
»Keiner sagte diesmal ...«, ebd.
»Dreißig Jahre habe ich nun ...«, Ilsemann (1967), 60
»Dies ist nun der Erfolg ...«, ebd.

Ausblick

13. November

»Am schrecklichsten Tag ...«, Ringelnatz (1966), 308
»Ich stehe nun ganz arm da ...«, ebd.
»Lasst Euch nicht durch Rachegefühle ...«, Neffe (2005), 286
»Etwas Großes ist erreicht ...«, ebd., 287
»Wenn England und Amerika ...«, ebd.
»Ich glaube nicht, dass die gegenwärtige Desorganisation ...«, ebd.
»Drollig sind nun auch ...«, ebd., 288

14. November

»In diesem Irrglauben ...«, Scheer (1920), 496

17. November

»Nichts und Alles ...«, Gronau (2001), 342
»Aber künstlerische Freiheit ...«, ebd.
»An die Novembergruppe ...«, Hoffmann (2015), 204
»Expressionisten, Kubisten, Futuristen ...«, ebd.

6. Dezember

»Das ist der Schuss ins Herz …«, Popp (2013), 71
»Komm Karl, jetzt ist Zeit zu handeln …«, ebd., 72
»Mich tröstet nur der grimmige Gedanke …«, Gallo (1993), 336

9. Dezember

»Seit ich Ihren lieben Sohn …«, Eichler (1918), Brief
»Max Reichpietsch und Albin sind wohl tot …«, ebd.
»Bin Ihnen im Auftrage …«, ebd.

6. Mai 1919

»Wer so unwandelbar …«, Mann (2015), 30
»Mein lieber ältester Sohn Lothar …«, Huck et al. (2014), 29

Die Zitate wurden zum Teil behutsam
an die heutige Rechtschreibung angepasst.

Literatur

Tagebücher und Memoiren

Altmaier, Jakob: *Frankfurter Revolutionstage*, Union-Druckerei und Verlagsanstalt, Frankfurt am Main 1919

Artelt, Karl: *Erinnerungsbericht*, SAPMO-Bundesarchiv, Sign.: SGY 30/0022

Baden, Max von: *Erinnerungen und Dokumente*, Deutsche Verlagsanstalt, Stuttgart 1927

Barth, Emil: *Aus der Werkstatt der deutschen Revolution*, Hoffmann Verlag, Berlin 1919

Eichler, Paul: *Brief von 1918*, ausgestellt in der Dauerausstellung des Stadtmuseums Leipzig

Fechenbach, Felix: *Der Revolutionär Kurt Eisner*, Dietz Verlag, Berlin 1929

Feuchtwanger, Marta: *Nur eine Frau: Jahre, Tage, Stunden*, Aufbau Verlag, Berlin 1984

Foch, Ferdinand: *Meine Kriegserinnerungen 1914–18*, Verlag Koehler, Leipzig 1931

Franz, Otto: *Die Matrosenkompanien 1918/19 in Leipzig*, geschr. nach Berichten des Führers der Kompanie Otto Franz von Alfred Schmidt, Stadtgeschichtliches Museum Leipzig, Bibliothek, Sign. 1799

Geyer, Curt: *Die revolutionäre Illusion. Zur Geschichte des linken Flügels der USPD. Erinnerungen*, DVA, Stuttgart 1976

Graf, Oskar Maria: *Gelächter von Aussen 1918–1933*, Verlag Kurt Desch, München 1966

Haffner, Sebastian: *Geschichte eines Deutschen. Die Erinnerungen 1914–1933*, K. G. Sauer, München 2003

Heymann, Lida Gustava, und Anita Augspurg: *Erlebtes – Erschautes*, Ulrike Helmer Verlag, Frankfurt am Main 1992

Hofmiller, Josef: *Revolutionstagebuch 1918/19*, Karl Rauch Verlag, Leipzig 1938

Holitscher, Arthur: *Ansichten. Essays, Aufsätze, Kritiken, Reportagen 1904–1938*, Volk und Welt, Berlin 1979

Ilsemann, Sigurd von: *Der Kaiser in Holland. Tagebuchaufzeichnungen*, Biederstein Verlag, München 1967

Kessler, Harry Graf: *Das Tagebuch. Sechster Band 1916–1918*, Klett-Cotta Verlag, Stuttgart 2004

Kollwitz, Käthe: *Die Tagebücher*, Siedler Verlag, München 1989

Linke, Carl Richard: *Tagebuch von 1918* (unveröffentlicht im Archiv der Marineschule Mürwik)

Mann, Heinrich: *Essays und Publizistik. Band 3, November 1918 bis 1925*. Aisthesis Verlag, Bielefeld 2015

Mann, Thomas: *Tagebücher 1918–1921*, S. Fischer Verlag, Frankfurt am Main 1979

Mühsam, Erich: *Das seid ihr Hunde wert! Ein Lesebuch*, hg. von Markus Liske und Manja Präkels, Verbrecher Verlag, Berlin 2014

Niemöller, Martin: *Vom U-Boot zur Kanzel*, Martin Warneck Verlag, Berlin 1935

Paasche, Hans: *Meine Mitschuld am Weltkriege*, Berger Verlag, Berlin 1919

Popp, Lothar und Karl Artelt: *Ursprung und Entwicklung der Novemberrevolution 1918*, Verlag Hermann Behrens, Kiel 1918

Popp, Lothar: *Führer des Matrosenaufstands 1918 im Streitgespräch mit einem 68er*, PDF auf kuhrkul.de (Stand 16.6.2013)

Rausch, Bernhard: *Am Springquell der Revolution. Die Kieler Matrosenerhebung*, Chr. Haase & Co., Kiel 1918

Ringelnatz, Joachim: *Als Mariner im Krieg*, Rororo Taschenbuch, Berlin 1966

Scheer, Reinhard: *Deutschlands Hochseeflotte im Weltkrieg. Persönliche Erinnerungen*, Scherl Verlag, Berlin 1920

Scheidemann, Philipp: *Der Zusammenbruch*, Verlag für Sozialwissenschaft, Berlin 1921

Schmidt, Alfred: *Erinnerungen an den 9. November 1918*, Stadtgeschichtliches Museum Leipzig, Bibliothek, Sign. 1799

Siegert, Max: *Aus Münchens schwerster Zeit: Erinnerungen*, Manz Verlag, München – Regensburg, 1928

Sollmann, Wilhelm: *Die Revolution in Köln. Ein Bericht über Tatsachen*, Rhein Zeitung Verlag, Köln 1918

Spengler, Oswald: *Briefe 1913–1936*, Verlag C. H. Beck, München 1963

Straus, Rahel: *Wir lebten in Deutschland. Erinnerungen einer deutschen Jüdin 1880–1933*, Deutsche Verlagsanstalt, Stuttgart 1962

Stumpf, Richard: *Warum die Flotte zerbrach. Kriegstagebuch eines christlichen Arbeiters*, Dietz Verlag, Berlin 1927

Weber, Max: *Zur Neuordnung Deutschlands*, Studienausgabe der Max-Weber-Gesamtausgabe, Bd. I/16, Mohr Siebeck Verlag, Tübingen 1991

Welk, Ehm: *Im Morgennebel*, Verlag Volk und Welt, Berlin 1953

Zikelsky, Fritz: *Das Gewehr in meiner Hand*, Verlag des Ministeriums für Nationale Verteidigung, Berlin 1958

Zuckmayer, Carl: *Als wär's ein Stück von mir. Horen der Freundschaft*, S. Fischer Verlag, Frankfurt am Main 1966

Biografien

Felken, Detlef: *Oswald Spengler. Konservativer Denker zwischen Kaiserreich und Diktatur*, Verlag C. H. Beck, München 1988

Flügge, Manfred: *Heinrich Mann. Eine Biographie*, Rowohlt Verlag, Reinbek 2006

Gallo, Max: *Rosa Luxemburg. Eine Biographie*, Benziger Verlag, Zürich 1993

Grob, Norbert: *Fritz Lang. Die Biographie*, Ullstein Verlag, Berlin 2014

Gronau, Dietrich: *Max Liebermann. Eine Biographie*, Fischer Verlag, Frankfurt am Main 2001

Hepp, Michael: *Kurt Tucholsky*, Rowohlt Taschenbuch Verlag, Reinbek 1988, 3. Aufl. 2004

Hoffmann, Dieter: *Max Planck. Die Entstehung der modernen Physik*, Verlag C. H. Beck, München 2008

Karlauf, Thomas: *Stefan George. Die Entdeckung des Charisma. Biographie*, Büchergilde Gutenberg, Frankfurt am Main 2007

Kaube, Jürgen: *Max Weber. Ein Leben zwischen den Epochen*, Rowohlt Berlin Verlag, Berlin 2014

Kiesel, Helmuth: *Ernst Jünger. Die Biographie*, Pantheon Verlag, München 2009

Laschitza, Annelies: »Rosa Luxemburg und Karl Liebknecht in den Wochen der Revolution«, Vortrag auf der Rosa Luxemburg Konferenz in Berlin am 16./17. Januar 2009, in: *Zeitschrift Marxistische Erneuerung*, Nr. 77, Frankfurt am Main 2009

Lemke, Katrin: *Ricarda Huch. Die Summe des Ganzen*, Weimarer Verlagsgesellschaft, Weimar 2014

Memminger, Josef: *Karl Valentin. Der grantige Clown*, Verlag Friedrich Pustet, Regensburg 2011

Neffe, Jürgen: *Einstein. Eine Biographie*, Rowohlt Verlag, Reinbek, 4. Aufl. 2005

Pufendorf, Astrid von: *Die Plancks. Eine Familie zwischen Patriotismus und Widerstand*, Propyläen Verlag, Berlin 2006

Röhl, John C. G.: *Wilhelm II. Der Weg in den Abgrund 1900–1941*, Verlag C. H. Beck, München 2009

Schmitt, Günter: »Der revolutionäre Marineflieger Paul Wieczorek«, in: Horst Schädel (Hg.): *Fliegerkalender der DDR 1988*, Militärverlag der Deutschen Demokratischen Republik, Berlin 1987

Schoeller, Wilfried F.: *Alfred Döblin. Eine Biographie*, Carl Hanser Verlag, München 2011

Stubmann, Peter Franz: *Ballin. Leben und Werk eines deutschen Reeders*, Verlagsanstalt Hermann Klemm A.-G., Berlin-Grunewald, 2. durchgesehene und ergänzte Aufl. 1926

Ullrich, Volker: *Adolf Hitler. Biographie*, Band 1: Die Jahre des Aufstiegs 1889–1939, Lizenzausgabe Büchergilde Gutenberg, mit Genehmigung des S. Fischer Verlags, Frankfurt am Main 2013

Wette, Wolfram: *Gustav Noske und die Revolution in Kiel*, Sonderveröffentlichungen der Gesellschaft für Kieler Stadtgeschichte, Bd. 64, hg. von Jürgen Jensen, Boyens Verlag, Heide 2010

Weymar, Paul: *Konrad Adenauer – Die autorisierte Biographie*, Kindler Verlag, München 1955

Wiborg, Susanne: *Albert Ballin*, Ellert & Richter Verlag, Hamburg 2000

Wiborg, Susanne: »Albert Ballin«, in: *Die Zeit*, Nr. 8, Hamburg 13. Februar 2014

Bücher, Aufsätze, Artikel

Anonymus: *Spartakusbrief*, Nr. 12, hg. von Leo Jogiches 1918

Anonymus: »Die Gewalt der Verhältnisse«, *Berliner Morgenpost*,
4. Dezember 2015

Anonymus: »Zum Glück gehören Speck und Schmalz«, *Nassauische Neue Presse*, 27. September 2014

Anz, Thomas: »Die expressionistische Dichterrepublik«, veröffentlicht auf: literaturkritik.de am 11. November 2008

Barth, Boris: *Dolchstoßlegenden und politische Desintegration. Das Trauma der deutschen Niederlage im Ersten Weltkrieg 1914–1933*, Droste Verlag, Düsseldorf 2003

Bauer, Richard: *Geschichte Münchens*, Verlag C. H. Beck, München 2003

Berger, Peter: *Brunonia – Mit Rotem Halstuch*, SOAK-Verlag, Hannover 1979

Billstein, Reinhold: »Krieg und Revolution. Die Kölner Sozialdemokratie in den Jahren von 1914 bis 1918«, in: ders. (Hg.): *Das andere Köln. Demokratische Traditionen seit der Französischen Revolution*, Pahl-Rugenstein, Köln 1979

Bramke, Werner, und Silvio Reisinger: *Leipzig in der Revolution von 1918/19*, Leipziger Universitätsverlag 2009

Bruch, Rüdiger vom: *Geschichte der Universität Unter den Linden*, Band 2: Die Berliner Universität zwischen den Weltkriegen 1918–1945, Verlag Walter de Gruyter, Berlin 2012

Dähnhardt, Dirk: *Revolution in Kiel*, Karl Wachholtz Verlag, Neumünster 1978

Deutscher Reichstag (Hg.): *Die Ursachen des Deutschen Zusammenbruchs im Jahre 1918*, Vierte Reihe im Werk des Parlamentarischen Untersuchungsausschusses, Neunter Band I. Zweite Abt. Der Innere Zusammenbruch, Berlin 1928

Ecker, Manfred: »Der Matrosenaufstand von Cattaro«, in: *Neue Linkswende*, 29. April 2015

Fischer, Rolf (Hg.): *Revolution und Revolutionsforschung*, Beiträge aus dem Kieler Initiativkreis 1918/19, Verlag Ludwig, Kiel 2011

Habeck, Robert, und Andrea Paluch, Frank Trende: *1918 Revolution in Kiel*, Sonderveröffentlichungen der Gesellschaft für Kieler Stadtgeschichte, Band 61, Boyens Verlag, Heide 2008

Haffner, Sebastian: *Die deutsche Revolution 1918/19*, Rowohlt Verlag, Reinbek, 4. Aufl. 2015

Haus der Bayerischen Geschichte (Hg.): *Revolution! Bayern 1918/19*, Augsburg 2008

Hoffmann, Tobias (Hg.): *Zeitenwende. Von der Berliner Secession zur Novembergruppe*, Hirmer Verlag, München 2015

Hortzschansky, Günter: *Illustrierte Geschichte der deutschen Novemberrevolution 1918/1919*, Dietz Verlag Berlin 1978

Huck, Stephan, Gorch Pieken und Matthias Rogg: *Die Flotte schläft im Hafen ein. Kriegsalltag 1914–1918 in Matrosen-Tagebüchern*, Schriftenreihe des Militärhistorischen Museums der Bundeswehr, Dresden 2014

Institut für Marxismus-Leninismus beim ZK der SED: *Vorwärts und nicht vergessen. Erlebnisberichte aktiver Teilnehmer der Novemberrevolution 1918/1919*, Dietz Verlag, Berlin 1958

Jentzsch, Christian, und Jann M. Witt: *Der Seekrieg 1914–1918. Die Kaiserliche Marine im Ersten Weltkrieg*, Theiss Verlag, Stuttgart 2016

Jones, Mark: *Am Anfang war Gewalt*, Propyläen Verlag, Berlin 2017

Kindlers Neues Literaturlexikon, hg. von Walter Jens, Kindler Verlag, München 1998

Köglmeier, Georg: *Die zentralen Rätegremien in Bayern 1918/19*, Verlag C. H. Beck, München 2001

Langer, Bernd: *Revolution und bewaffnete Aufstände in Deutschland 1918–1923*, AktivDruck, Göttingen 2009

Malanowski, Wolfgang: »November 1918: ›Kartoffeln – keine Revolution‹«, in: *Der Spiegel*, dreiteilige Serie, November 1968

Malanowski, Wolfgang: *Novemberrevolution 1918*, Ullstein Verlag, Frankfurt am Main, Berlin 1968

Neidiger, Bernhard: *»Von Köln aus kann der Sozialismus nicht proklamiert werden!«*, dme-Verlag, Köln 1985

Neuland, Franz: *Die Matrosen von Frankfurt. Ein Kapitel der Novemberrevolution 1918/19*, Verein für Frankfurter Arbeitsgeschichte, Frankfurt am Main 1991

Piper, Albrecht: »Tagebuchaufzeichnungen seines Großvaters Theodor Piper«, auf: inforadio.de (abgerufen 2017)

Plener, Ulla (Hg.): *Die Novemberrevolution 1918/1919 in Deutschland*, Dietz Verlag, Berlin 2009

Plievier, Theodor: *Der Kaiser ging, die Generäle blieben – ein deutscher Roman*, Malik-Verlag, Berlin 1932

Reinhardt, Sibylle: *Chronik 1918. Tag für Tag in Wort und Bild*, Chronik Verlag, Dortmund 3. überarb. Aufl. 1987

Reisinger, Silvio: »Die Revolution 1918/19 in Leipzig«, in: Ulla Plener (Hg.): *Die Novemberrevolution 1918/1919 in Deutschland*, Dietz Verlag, Berlin 2009

Rosentreter, Robert: *Blaujacken im Novembersturm. Rote Matrosen 1918/19*, Dietz Verlag, Berlin 1988

Rother, Bernd: »90 Jahre Novemberrevolution – Eine sozialistische Revolution in Braunschweig?«, Vortrag am 9. November 2008, PDF auf der Internetseite: spd-bezirk-braunschweig.de (abgerufen im März 2017)

Scheele, Martin: »100 Jahre Das Forum – Erinnerung an eine Zeitschrift und ihren Herausgeber«, in: *Das Blättchen*, 17. Jg., Nr. 16 vom 4. August 2014, Berlin

Schmolze, Gerhard (Hg.): *Revolution und Räterepublik in München 1918/19 in Augenzeugenberichten*, Karl Rauch Verlag, Düsseldorf 1969

Stachelbeck, Christian: *Deutschlands Heer und Marine im Ersten Weltkrieg*, Oldenbourg Verlag, München 2013

Stallmann, Volker: »Die Revolution von 1918/19 in Hamburg«, in: *Zeitschrift für Geschichtswissenschaft*, 62. Jg., Heft 1, Berlin 2014

Standt, Volker: *Köln im Ersten Weltkrieg*, Optimus Verlag, Göttingen 2014

Toller, Ernst: *Feuer aus den Kesseln*, Programmheft, Städtische Bühnen Quedlinburg, Spielzeit 1958/59

Tooze, Adam: *Sintflut. Die Neuordnung der Welt 1916–1931*, Siedler Verlag, München 2015

Ullrich, Volker: *Die Revolution von 1918/19*, Verlag C. H. Beck, München 2009

Internetseiten

centre-robert-schuman.org (Opferzahlen)

deutsche-revolution.de (diverse Einträge)

dhm.de (diverse Einträge)

dradiowissen.de (Beitrag: »Gründung der Unabhängigen Sozialdemokraten«)

filmportal.de (»Hein Petersen, vom Schiffsjungen zum Matrosen«; »Der eiserne Film. Bilder aus Deutschlands Kriegsschmiede«; »Seekrieg 1914–1918«)

fws-ffm.de (Stichwort: Vergessene Frankfurter)

geschichte.sachsen.de (Eintrag: Weimarer Republik)

geschichtswerkstatt-groepelingen-bremen.de (Geschichte der AG »Weser«)

hapag-lloyd.com (Firmenbroschüre: »Hapag-Lloyd AG: Das Ballin-Haus. Ein Detail Hamburger Geschichte«)

hdbg.de (diverse Einträge zur bayerischen Räterepublik)

juedische-geschichte-online.net (Eintrag: Albert Ballin)

klapperfeld.de (Eintrag zur Geschichte)

kurkuhl.de (Interviews mit Zeitzeugen der Novemberrevolution)

ndr.de (Tonaufnahme von Philipp Scheidemann, Interviews mit Lothar Popp und dem Matrosen Wilhelm Waalkes)

regionalgeschichte.net (»Tagebucheinträge der Lucie Meckel aus Diez«)

youtube.com (Suchwörter: Klaus Kuhl November18)

wikipedia.de (diverse Einträge)

wk1.staatsarchiv.at (»Die Matrosen von Cattaro«)

Zeitungen aus den Tagen der Revolution

Berliner Tageblatt, Frankfurter Zeitung, Kölnische Zeitung, Leipziger Volkszeitung, Münchner Neueste Nachrichten, Vorwärts.

Dank

Andrea Liesemer, meiner Frau, für mehrfaches Gegenlesen, zahlreiche Anregungen – und Geduld.
Den Erstlesern Alexander Krützfeldt, Michael Billig und Rebekka Jedwabski.
Meiner Lektorin Heike Specht, die als Historikerin den großen Kontext im Blick hatte.

Yvonne Jahns (Deutsche Nationalbibliothek Leipzig) für Literaturtipps. Beate Lücke (Institut für Zeitungsforschung, Dortmund) für die Hilfe bei der Suche nach historischen Dokumenten. Klaus Kuhl für Informationen zu den Ereignissen in Kiel, dessen Internetseite kurkuhl.de sich zudem als Fundgrube wenig bekannter Details erwies. Hauke Schröder (Marineschule Mürwik) für einen Auszug aus dem Tagebuch des Matrosen Carl Richard Linke. Rita Wagner (Leiterin der Graphischen Sammlung Kölnisches Stadtmuseum) für Lektüretipps zu den Ereignissen in Köln. Dem Historiker Volker Standt für Informationen über die Kölner Matrosen. Steffen Poser (Kurator/Leiter Völkerschlachtdenkmal Leipzig) für eine transkribierte Abschrift eines Briefes des Matrosen Paul Eichler. Marko Kuhn (Leitender Bibliothekar Stadtgeschichtliches Museum Leipzig) für den Hinweis auf ein Dokument des Matrosen Otto Franz. Sowie Silvio Reisinger (Historiker der Universitätsbibliothek Leipzig) für einen wichtigen Lektüretipp zu den Ereignissen in Leipzig.

Meinem Verleger Nikolaus Gelpke und der mare-Programmleiterin Katja Scholtz für ihr Vertrauen und ihre Unterstützung.

Register